후회 없는 결혼을 부르는 38가지 셀프컨트롤

사랑은 서툴고
결혼은 먼 그대에게

ZETTAI NI SEIKOUSURU KEKKON 38 NO RULE
© HIROKO ICHIKAWA 2011

Originally published in Japan in 2011 by KK BESTSELLERS CO., LTD.. TOKYO,
Korean translation rights arranged with KK BESTSELLERS CO., LTD.. TOKYO,
through TOHAN CORPORATION, TOKYO and SHINWON AGENCY CO., SEOUL.

후회 없는 결혼을 부르는 38가지 셀프컨트롤

사랑은 서툴고
결혼은 먼 그대에게

이치카와 히로코 지음

BOOK PLAZA

"열심히 미팅, 소개팅을 하고 있는데도 좀처럼 멋진 남자가 없어."

"미팅, 소개팅에 관한 많은 책을 읽고, 결혼정보회사에 가입해서 많은 남성을 만나 봤지만 어떤 사람을 인생의 파트너로 하면 좋을지 도무지 알 수 없네."

"이제 미팅 소개팅에도 지쳤다."

내면과 외면을 함께 가꾸고 싶은 싱글 여성을 위해, 제가 만든 세미나인 '레벨업 아카데미'에는, 최선을 다해 미팅, 소개팅에 임하였지만 만족스런 결과를 얻지 못하여 초조해하거나 우왕좌왕하고 있는 여성들이 대거 상담을 받으러 옵니다. 그 중에는 부모님이나 친구를 비롯한 주위 사람들로부터 빨리 결혼하라는 재촉을 받고 있거나, 당장 결혼해야 한다는 강박관념에 사로잡혀 있는 여성도 있습니다. 또 인터넷이나 친구들과의 대화에서 접할 수 있는 갖가지 정보에 휘둘린 나머지, 본인의 진정한 행복이 무엇인지, 무엇을 위해 결혼하는 것인지조차 망각해 버린 여성도 많습니다.

실은 저 자신도 결혼 문제로 오랫동안 부모님께 걱정을 끼쳐 드리는 사람 중 한 명이었습니다. 일이 재미있어서 정신 차리고 보니 어느덧 서른을 훌쩍 넘겨 버린거죠. 저 스스로는 초조할 것도 없었고, 결혼에 대해 딱히 바라는 것도 없었지만, 주위의 걱정스런 시선을 느끼게 되니 저 역시도 조급해졌고, 결혼 문제에 대해 심각하게 고민하기 시작했습니다.

미래의 모습을 그려보니, 앞으로의 인생을 평생 혼자서 살아가는 것은 정말로 외로운 일일 것 같다고 생각했습니다. 그렇다고 해서 '평생 혼자'는 외로울 것이라는 생각에 사로잡혀, '누군가 옆에 있기만 하면 돼!'라는 감정만으로 결혼을 결정하는 것은 왠지 잘못된 일 같았습니다.

그래서 저에게 있어서 결혼이란 어떤 의미인지 곰곰이 생각해 보았습니다. 그 결과 한 가지 결론에 도달하더군요. 그것은 '나와 함께 해 줄 인생의 동반자, 즉, 인생의 파트너가 있었으면 좋겠다'는 것이었습니다. 즉, 인생의 기쁨을 함께 느끼고, 괴로움도 나누면서 극복할 수 있는, 그런 동고동락의 파트너를 찾고자 한 것입니다.

그러나, 여러 만남의 장에 발걸음을 옮겨 봐도, 혹은 주위의 소개로 남자를 만나 봐도, 때로는 마음에 드는 남성과 사귀어 봐도, 막상 결혼하기에 '이 사람이다!'할 만한 운명적 상대는 없었습니다. 결국 저는 여유를 갖고 잠시 멈추었다가 가 보기로 했습니다.

내 행동에 이상이 있는 것은 아닐까?

내가 정말로 결혼이 하고 싶기는 한 걸까?

주위 사람들의 압박 때문에 막연히 결혼해야 한다고 생각하게 된 것은 아닐까?

막상 결혼하고 나면 반드시 행복하다고 할 수 있을까?

아니, 결혼했는데 불행한 사람도 많고, 그 후 이혼하는 사람도 많다. 그렇다면, 진정한 행복이란 무엇일까?

행복한 결혼이란 무엇일까?

바로 그러한 물음 끝에, 저의 '셀프 카운셀링'이 시작된 것입니다.

다른 사람이 저를 보고서 '눈이 높아서' 남자친구가 없다고 할 때마다 극구 부인해왔던 저 입니다. 하지만 제 이상형을 적어 보니, 제 이상형이 갖추어야 할 조건이 끊임없이 나오고 또 나오더군요! 30가지, 아니 40가지도 넘는 조건이 나왔습니다.

이렇게 되면 이상형을 좀처럼 만나기 어려운 것은 당연할 테죠. 또, 저에게 고정관념이 많다는 사실도 깨달았습니다. 제 자신과 철저히 마주해 보고 나서야 처음으로 저의 진정한 마음의 목소리에 귀 기울이는 것이 가능하게 된 것입니다.

결과적으로 이 '셀프 카운셀링'을 통해 제 자신과 마주함으로써, 제 이상형에 가장 가까운 운명의 남성과 만나게 되었습니다. 그 사람과 만난 지 3주 만에 프로포즈를 받았고 결혼하게 되었습니다. 지금은 그렇게도 운명의 상대가 없다고 투정했던 것이 무색할 만큼, 행복한 결혼생활을 하고 있답니다.

상대는 저보다 무려 7살이나 연하의 남자. 제가 이렇게까지 나이 차이가 큰 결혼을 할 줄은 꿈에도 몰랐기 때문에 누구보다도 제 스스로가 가장 놀랐습니다.

만약 셀프 카운셀링을 하지 않았다면 절대로 지금의 남편이 운명의 상대라고 깨닫는 일은 없었을 것입니다. 그와 만나지 못한 채 혼자서 살아가고 있다면 어떻게 되었을지를 상상하면 끔찍하기까지 합니다.

그와 만나기 전에 제가 하고 있었던 것이 이 책에서 전해 드릴 '셀프 카운셀링'이라는 것입니다. 저는 당시 매일매일 그것을 트레이닝하고 있었습니다. 이것은 무척 간단한 것임에도 불구하고, 이를 통해 진정으로 자신의 마음이 바라는 이상적 상대, 이상적 결혼 생활이 무엇인지 깨달을 수 있습니다.

자, 이제 그럼 바로 책장을 넘겨서 이 책에 나오는 38가지 셀프컨트롤 방법을 실천해 보세요. 반드시 자신이 꿈꾸는 진정한 운명의 상대와 만날 수 있을 것입니다.

맹목적인 미팅, 소개팅은 이제 집어 치우고, 셀프 카운셀링으로 내면의 나와 제대로 마주하는 것부터 시작하세요! 그것이야말로 행복한 인생을 손에 넣기 위한 첫걸음일 테니까요.

퍼스널프로듀서 이치카와 히로코

결혼이란 참으로 어려운 문제입니다. 어떤 사람은 결혼에 대해 '인생을 건 도박'이라고까지 말하지요.

왜 그럴까요? 수 십년간 다른 환경에서 자란 두 남녀가 비교적 짧은 만남을 거쳐, 다시 수 십년간 함께 살기로 하는 사회적 관습이자 약속이기 때문입니다. 물론, 최근에는 이러한 사회, 문화적 관행을 버리고 영원히 독신으로 살겠다는 분들도 있습니다. 결혼이 의무가 아닌 선택이 된 것을 부정할 수는 없습니다.

그러나, 저는 결혼이라는 제도가 그렇게 쉽게 인류사회에서 없어질 수는 없다고 봅니다. 자손을 낳고 자신의 역량이나 재산을 물려주는 시스템치고, '결혼'이나 '1부1처제'만한 제도도 아직까지는 없기 때문이죠. 또한, 현재까지는 그래도 독신

주의자가 훨씬 소수인 세상이니까요.

결혼이란, 결국은 꼭 해야만 하는 것, 그러나 너무나 어려운 것입니다. 어떻게 해야 가장 잘하는 결혼일까요? 돈 많은 부잣집 남자나 판검사, 의사와 결혼하면 과연 잘한 결혼일까요?

사실 저는 20대 중반에 비교적 일찍 결혼을 한 기혼여성입니다. 그리고 아이도 있지요. 필자의 표현을 빌리면, 저는 결혼이 늦은 여성들이 부러워할 만한 대상이겠군요. 그런데 사실 저는 결혼에 대해 그리 깊이 생각해 본 적은 없었던 사람입니다. 여러 가지 조건이나 외모, 앞으로 나의 인생 계획, 결혼 뒤의 나날에 대해 구체적으로 생각해 본 뒤에 결혼했다기보다는, 그저 '좋아하는 사람이 나타나면 결혼하지 뭐.'라고만 생각했었고, 운 좋게 지금의 남편을 만나게 된 것이죠.

그런데 결혼 이후 올림픽에서 금메달을 딴 운동선수처럼 무기력감이 문득 찾아오기도 했습니다. 사람들은 저를 갑자기 가정주부, 엄마로 대했지만, 내면의 저는 예전과 달라진 것이 하나도 없었기 때문이지요. 아직 결혼하지 않고 자유롭게 자신만의 삶을 살아나가는 친구들에 대한 동경도 있었고, 엄마가 해준 밥을 먹으며 반찬투정을 하던 저를 떠올리며 그때가 그립기도 했습니다.

아마도 저에게 그런 감정이 찾아온 것은 결혼 전에 미리 이 책의 필자가 강조하는 '결혼후의 이상적인 가정상 그려보기'를 한번도 해보지 않았기 때문은 아니었을까요? 필자는 경제적인 측면에서만 향후 인생 계획을 세울 것이 아니라, 자신이 진정으로 원하는 삶은 무엇인지, 자신이 하고 싶은 것이 무엇인지, 그리고 앞으로 인생의 동반자와 무엇을 함께 만들어 갈지, 반드시 결혼 전에 먼저 심사숙고해 보라고 합니다.

지금의 제 결혼생활은 물론 행복합니다. 저의 경우는 결혼생활 자체가 힘들기보다는, 아이가 생기고 여자에서 엄마가 되어가는 과정이 힘들고 괴로웠지요. 결혼 때문에 잠시 그만둔 공부도 다시 하고 싶고요. 아이가 크고 나면 다시 할 수 있겠지만요. 미혼인 친구들이 부러울 때는 밤늦게라도 호프집에서 마음 편히 맥주 한 잔 할 수 있다는 점 정도? 다만, 저 역시도 결혼 이후 '엄마가 되어 가는 과정'에 대해서는 별로 생각한 바 없는 상태에서 결혼을 한 것이어서 앞서 말한 것과 같은 무기력감을 가끔 느끼게 된 것 같아요.

제가 하고 싶은 말은, 결혼 이후 찾아오는 삶의 변화에 대해 충분한 시간을 갖고, 그리고 심도 있게 생각한 뒤에 결혼해야 한다는 점입니다. 정말로 내게 어울리는 결혼이 무엇인지 자기 스스로도 모르는 경우가 많습니다. 내가 내조를 잘하는 전업주부가 어울리는 사람인지, 아니면 일과 가정을 함께 돌볼 수 있는 슈퍼맘인지, 아니면 프리랜서로서 가정을 우선시하되 가끔씩 일도 하는 것을 추구하는 사람인지 생각해 보세요. 저는 어느 한 그룹만이 옳다고 보지 않습니다. 삶의 양태는 다양한 것이고 그 중 어느 하나만이 옳다고 할 수 없기 때문이죠.

이 책을 읽는 독자 여러분은 아직 미혼인 분이 대부분일 것입니다. 제가 인생의 선배는 아니지만, 결혼의 선배로서 감히 드리고 싶은 말씀이 있습니다. 내가 정말로 결혼을 원하는지, 정말로 어떤 사람을 원하는지, 또 그 사람과 결혼해서 어떤 가정, 어떤 삶을 꾸려 나가고 싶은지를 즐거운 마음으로 상상해 보라는 것입니다. 어찌 보면 당연한 이야기이고 평범한 진리이지만, 결국 이것이 필자가 하고 싶었던 말이겠지요?

기혼자인 독자라면, 처음 배우자를 만났던 설렘을 다시 한

번 떠올려 보시고, 지금 내 옆에 바로 그 사람이 있음을 감사
히 여기며, 그와 함께 꾸려 나갈 앞으로의 즐거운 미래를 그
려보시면 어떨까요?

끝으로, 이 시대 여성에게 꼭 필요한 좋은 책의 번역을 맡
겨주신 북플라자 대표님과 예쁘고 여성스러운 디자인을 해주
신 박은영씨에게 감사의 말씀을 올립니다. 그리고 항상 저의
힘이 되어주는 남편과 아이에게도요.

2012. 12.

크리스마스를 앞두고 김예원

CONTENTS

PART
ONE

달력에 미팅,
소개팅 일정이
빼곡한가요?

: 우리 시대 결혼적령기 여성의 현주소를 한번 살펴 봅시다.

유명잡지 '닛케이 WOMAN'이 2009년에 실시한 설문조사에서, 미혼 여성의 16.8%가 미팅, 소개팅에 열중하고 있다고 대답했습니다. 결혼하고 싶은 이유에 대해 모든 연령대가 공통적으로 '아이가 갖고 싶어서'를 1위로 꼽았습니다. 높은 연령대로 올라갈수록 결혼에 대한 갈망은 강해지고, 미팅, 소개팅에 열을 올리고 있는 여성의 비율도 높아지는 것으로 조사되었습니다. 이는 남자친구가 없는 사람의 비율과도 비례하고 있습니다. 남자친구가 없는 이유는 1위가 '연애상대를 만나지 못해서'로서 44.2%, 2위가 '만남의 기회가 없어서'로서 37.3%였습니다.

결혼 정보 업체인 '오넷(O-net)'에서는 2006년 여성 회원수가 처음으로 남성 회원수를 웃돌았습니다. 맞선 파티 기획 회사인 '에쿠시오'에 따르면, 남성 참가자의 연봉이 8400만원 이상인 조건의 파티를 기획하면, 여성 참가자의 참가 신청수가 무척 증가한다고 합니다.

　제가 주관하고 있는 '레벨업 아카데미'에도 자기 계발이나 이성과의 만남을 원하는 많은 여성들이 오고 있습니다. 레벨업 아카데미는 미팅, 소개팅에 특화된 강좌는 아니지만, 외모와 매너, 대화능력 등을 가꾸고 단련하는 세미나와 컨설팅, 이벤트 등을 담고 있습니다.

　제가 한 때 미팅, 소개팅 관련 이벤트의 진행자로 참여했을 때에는 참가한 남성들의 반응을 직접 접한 적이 있었어요. 여자들이 너무 결혼에 적극적이어서 질려 버렸다거나, 30대 후반 이상의 여성은 너무 진지해서 며칠 사귀면 곧 결혼하자고 할 것 같아 무섭다는 반응도 있었습니다. 한편, 참가 여성들은 미팅, 소개팅에 너무 지쳐버린 나머지, 자신이 어떤 남성을 원하고 있는지조차 망각하게 되었다면서 결혼 컨설팅을 받고자 하기도 했습니다.

주위 친구가 잇달아 결혼하는 28세 전후의 여성은 결혼에 대한 눈높이가 아주 높아진다고 합니다. (참고로, 일본 후생 노동성의 2008년의 초혼 평균 연령*에 의하면 남자는 30.2세, 여자는 28.5세입니다.) 그러나 그 28세를 넘기면, 다시 연애 이외의 것에 열중하거나 취미생활, 혹은 자신의 일을 즐기는 사람이 많아집니다. 그러다가 '아라사(Around 30th)'라고 불리는 34~35세가 되면 갑자기 불안해지거나 초조해집니다. 주변 사람의 눈을 의식하고 주위 의견들에 영향을 받고 있다는 증거인 셈이죠.

* **초혼 평균 연령** 2012년 11월23일 통계청이 발표한 '2010년 혼인 및 이혼 통계'에 따르면 대한민국 남녀의 평균 초혼 연령은 30.4세로 나타났습니다. 10년 전에 비해 남성과 여성의 초혼 연령은 각각 2.5세, 2.4세 높아진 것입니다.

사 랑 은
서 툴 고
결 혼 은
먼
그대에게

결혼 못한 남녀가 늘어나는 추세는 당분간 멈추지 않을 것으로 예상됩니다. 일본에서 현재 전체 성인 남성 인구의 16%, 전체 성인 여성 인구의 8%가 미혼이고, 2030년에는 남성의 29%, 여성의 22%에 달하는 인구가 미혼일 것으로 보입니다. 2008년 리만브라더스 파산을 필두로 시작된 금융위기 이후, 남성의 실제 연봉과 여성이 바라는 남성의 연봉 사이의 격차도 커졌습니다. 한마디로 리스크가 적은 결혼을 하고 싶은 사람이 늘어나고 있는 요즈음, 좀처럼 바라는 남성과 만날 수 없다며 골머리는 썩히는 여성도 많습니다.

어느 TV프로그램에서 빨리 결혼하여 안정을 찾고자 하는 20대 여성들이 절에서 간절히 기도하고 있는 모습을 본 적이 있습니다. 인터뷰를 보면서 제가 놀랐던 것은 경제적으로 불안하니까 빨리 금전적 안정을 찾고자 공무원과 결혼하고 싶다고 말하는 여성이 있었다는 사실입니다.

잘 생각해 봅시다. 현대사회에서 정말로 무슨 일이 있어도 변함없이 안정된 직업이나 안심할 수 있는 인생이라는 것이 과연 존재할까요? 결혼을 '도피처'로 생각해서는 안됩니다! 상대에게 기대어 의존하는 상태로는 진정한 행복을 손에 넣을 수 없습니다. 게다가 그런 마음가짐으로는 안타깝게도 운명의 상대를 좀처럼 찾을 수 없습니다.

그런 마음으로 결혼했다손 치더라도 이혼하는 경우마저 있습니다. 일본 후생성이 결혼 건수에 비해 이혼 건수가 얼마나 많은지 알아보기 위해 지표로 삼은 '이혼 건수 / 혼인 건수'에 따르면, 2002년까지 지속적으로 이혼률이 상승해오다가, 그 이후에는 애초에 결혼 건수 자체가 줄어서 이혼 건수는 감소하고 있습니다.

분명한 사실은 최근 수년간 젊은 층에서의 이혼률이 급증하고 있고, 많다는 것입니다. 일본 최고 재판소 사법 통계 연보에 의하면, 최근 들어 이혼의 원인으로, 부부간 성격 차이, 배우자의 정신적 학대 등이 두드러지게 많아지고 있다고 합니다. 반대로 우리 부모님 세대의 주요한 이혼의 원인이었던, 바람난 배우자, 시댁과의 갈등 등은 감소추세에 있습니다.

이와 같은 결혼 및 이혼에 관한 통계가 의미하는 바는 무엇일까요?

이혼하는 사람들에게 갖가지 사정이 있겠지만, 그래도 결혼생활에는 많은 행복이 담겨 있다고 저는 생각합니다. 여러 가지 이유가 있을 터이니 이혼을 반드시 나쁜 것이라고 할 수는 없겠지요. 그러나 이왕이면 처음 결혼한 사람과 평생 사랑하며 함께 살아가고 싶다고 생각하지 않나요?

앞서 말한 이혼사유 중 1위가 '성격 차이'입니다. 완전히 다른 환경에서 태어나, 다른 부모님이나 선생님에게 키워졌으니 성격이나 가치관, 인생관의 불일치는 당연합니다. 그것을 얼마나 이해하고 상대를 받아들이면서 배려할 수 있는가가 결혼의 성패를 좌우할 뿐입니다.

이해와 배려의 과정을 하나씩 쌓아 가는 것이 결혼생활입니다. 행복은 두 사람이 만들어 가는 것입니다. 지금의 경제적 상황을 포함한 여러 현실의 불안감을 떨쳐 버리고, '이 사람과 함께라면, 어떠한 일이라도 극복해 나갈 수 있겠다.'고 생각되는 운명의 상대를 만나야 합니다.

마음으로부터 진심으로 바라는 인생의 동반자를 만나려면, 일단 지금 열을 올리고 있는 미팅, 소개팅부터 멈췄으면 해요. 자신과 마주하고 나서 마음의 소리에 제대로 귀를 기울여 본 뒤, 자신다운 인생을 손에 넣으세요.

다른 사람과 비교할 필요도, 주위 환경이나 친구들에 휘둘릴 것도 없어요. 내가 주인공인 나의 인생입니다. 혼기라는 것도 사람에 따라 달라요. 물론 일반적으로는 서른 전후에 결혼하는 사람이 많겠지만, 결혼 적령기란 당신에게 있어서는 30대일 수도 있고, 50대일 수도 있지요.

20대 초반에 결혼해서 아이를 낳아 40대에 가까스로 자신의 인생을 사는 사람도 있을 수 있고, 이혼해서 재혼을 하고 나서야 진정한 행복을 잡는 사람도 있을 수 있어요. 사람마다 다르니, 결코 초조해하지 않아도 됩니다. 지금부터 진정한 자신을 찾는 여행을 시작하여, 자신의 내면에 자리잡은 본래의 내 모습으로 운명의 상대를 찾으세요.

PART
TWO

올바른
결혼마인드를 부르는
13가지셀프컨트롤

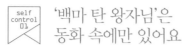

self control 01

'백마 탄 왕자님'은
동화 속에만 있어요

: 몇해 전, 핑크색 배경에 백마 한마리가 있는 그림의 광고 판이 지하철 역사나 길거리에 걸려 눈길을 끌었던 것을 알고 있나요? 그 광고의 문구는 다음과 같았습니다.

'백마 탄 왕자님은 저 푸른 언덕에 있을 터인데 만날 수가 없다.'

'백마 탄 왕자님은 압구정, 명동에도 없다.'

'백마 탄 왕자님은 하녀들에 빠져서 공주님인 당신은 알아보지도 못한다.'

이는 '운명의 상대가 데리러 와줄 것을 기다리지 말고 내가 찾자!'는 슬로건을 내 건 인터넷 남녀매칭 사이트의 광고였습니다. 이 광고 속 문구처럼 '언젠가 백마 탄 왕자님이 나를 데리러 와서 행복한 결혼을 할 것이다.'고 믿고 있는, 또는 그렇게 믿고 싶은 여성이 아직도 세상에 많은 것일까요?

'백마 탄 왕자님'은 곧 '이상적 결혼 상대'라고 바꿔 말할 수 있을 것입니다. 문제는 이 이상적 결혼상대가 갖추어 할 '조건'입니다. '연봉은 8400만원 이상, 아이가 생기면 멋있고 친절하게 육아도 도와줄 것 같이 자상한….' 따위를 말하기 시작하면 그야말로 밑도 끝도 없지요.

　모든 여성이 그런 남성을 원할 테지만, 그 조건에 들어맞는 미혼 남성을 좀처럼 찾을 수 없는 것이 현실입니다. 우리 시대 여성들은 '어디를 찾아봐도 좋은 남자가 없어.', '멋지다 했더니 역시 유부남이네.'라고 탄식하며, 멋진 남자 찾기에도 한계를 느끼고 지친 나머지, 자기 혐오나 자기 부정에 빠지고 맙니다.

　그렇습니다. 지혜로운 독자 여러분이라면 벌써 알아채셨을 것입니다. '언젠가 백마 탄 왕자님'이라는 것은 동화의 세계에서만 존재하는 것으로, 현실에는 있을 수가 없습니다.

　이 환상에 사로잡혀 있으면 언제까지고 '리얼한 결혼'에 골인할 수 없겠지요.

　만약 정말로 행복한 결혼을 바란다면, 이 '백마 탄 왕자님에 대한 환상'을 지금 바로 던져버리세요. 그것이 현실의 파트너를 찾아 행복한 결혼 생활을 하기 위한 첫걸음인 것입니다.

결혼정보회사 가입이
곧 결혼은 아닙니다

사 랑 은
서 툴 고
결 혼 은
      먼
그대에게

: 저는 결혼정보회사가 주최한 세미나에서 회원들을 대상으로 겉모습이나 인상, 대화 능력을 향상시키는 방법을 가르친 적이 많습니다. 그 때마다 회원들의 데이터를 미리 보게 되는데, 정말 안타깝게 생각되는 것이 있었습니다.

그것은 데이터를 보는 상대방의 입장이 되어 사진을 찍거나 프로필을 작성한 것이 아니라는 점입니다. 이것은 남녀 모두 마찬가지입니다. 디지털 카메라로 스스로 찍은 것임을 한눈에 알 수 있는 지저분한 배경, 정리되지 않은 머리나 화장, 솔직하게는 쓰여있지만 이성의 흥미를 끌지 못할 것 같은 프로필! 도저히 인생의 파트너를 찾으려고 진지하게 회원 등록을 한 사람의 것이라고는 여길 수 없습니다.

제가 진행하는 세미나에서는 전문 사진작가가 그 사람의 매력이나 웃는 얼굴을 최대한으로 끌어내면서 사진 촬영을 하고 있어서 맞선용의 사진을 찍으러 오시는 분도 많이 있습니다. 그 사람의 매력이 드러난 패션이나 머리, 화장, 미소를 머금은 얼굴 사진은 상대의 이목을 끌고, 교제에 다다르는 비율도 높게 만들어 준다고 합니다.

결혼 정보회사에 가입했다면, 만나기 전에 미리 보는 사진이나 프로필이 '첫 승부'인 셈입니다. 결혼정보회사에 가입되어 있지만 만남 횟수가 적다고 한숨 쉬고 있는 분이 있다면, 먼저 자신의 사진이나 프로필을 객관적으로 볼 필요가 있을 것입니다.

또한 '결혼정보회사에 가입하면 곧 결혼할 수 있다'고 굳게 믿는 것은 위험합니다. 연봉이 높고, 잘생긴 남성들은 모든 여성이 적극적으로 만나고 싶어하기 때문에, 누구부터 만나야 할지 결정하기 어렵다는 즐거운 비명을 지르고 있습니다. 그것을 뒤집어 여성 쪽에서 보자면 경쟁률이 높아지는 것이고, 선택권을 남성이 쥔 것을 의미합니다. 이는 희망 연봉을 낮춰서 다른 남성에게 어프로치 할 것인지, 아니면 그 남성으로부터의 어프로치만을 계속 기다릴지를 선택하는 꼴이 되지요.

모리스 메테를링크 (Maurice Maeterlinck)의 동화 〈파랑새〉를 알고 계십니까? 오누이인 치루치루와 미치루가 꿈속에서 행복의 상징인 파랑새를 찾으러 떠나는 이야기입니다. 그러나 결국 자신들과 가장 가까운 곳, 그 안에 파랑새가 있었다는 내용입니다.

이 작품을 모티브로 하여 만들어진 병명인 '파랑새 증후군'에 걸린 사람들도 나타났습니다. 지금의 자신은 진정한 자신이 아니라고 믿고 언제까지고 꿈을 쫓는 사람, 이상적 직업을 위하여 이직을 반복하는 사람, 자신이 원하는 의사를 만나기 위해 이 병원, 저 병원 옮겨 다니는 사람, 그리고 꿈꾸는 이상적 결혼 상대를 추구하여 언제까지고 실제의 상대를 거부하는 사람 등을 말합니다.

결혼정보회사나 남녀매칭 사이트에서는 조건에 맞춰 상대를 찾아 주는 것이기 때문에 아무리 훌륭한 사람이라 해도 '감점법'이 적용되기 마련입니다. '파랑새 증후군'에 걸려 감점법에 따라 '이 사람은 ○○이라서 안돼!'라고 자신의 이상에 맞지 않는 사람을 배제해 나가면서 상대를 품평해 버리는 것입니다.

그런데, 여기서 잠깐! 그것은 서로 마찬가지입니다. 상대도 당신에 대해서 결혼 상대로서 적당한지 여부를 엄격하게 체크하고 있답니다. 당신은 당신의 이상인 남성에게 있어서 완벽한 결혼 상대일 자신이 있습니까? 남성도 여성도, 감점법이 아닌 가점법으로 상대를 판단해 본다면, 결과는 다르지 않을까요?

물론, 만남의 장으로서의 결혼정보회사를 부정할 생각은 없습니다. 그러나, 결혼정보회사에 발을 들여놨다고 해도 자기 어필 방법과 남성을 고르는 마인드를 바꾸지 않는다면 그것은 시간 낭비, 돈 낭비일 뿐입니다. 먼저 그 점을 잘 새겨두길 바랍니다.

결점만을 세지 말고
장점을 헤아립시다

: '내 친구 루미코는 유머감각이 뛰어나 이야기를 나누면 굉장히 재미있는 사람인데요, 시간 관념이 없어서 매일같이 지각을 해요.'

이렇게 극명한 장점과 단점이 함께 있어서 안타까운 사람을 본 적이 있지요?

인간에게는 누구나 장점도 있고 단점도 있습니다. 그것은 저도, 그리고 이 책을 선택한 당신도, 또, 남성들도 마찬가지입니다. 부모님이나 형제자매, 지인들도 그렇지요. 그 중 어느 쪽을 보느냐에 따라 그 사람에 대한 평가가 달라집니다.

파트너 찾기도 이것을 이해하는 것이 중요합니다. 상대에게 어떠한 조건을 붙이는 것은 어렵지 않으나, 그 조건에 사로잡혀 단점만을 세고 있다면 운명의 상대는 평생 나타나지 않을지도 모릅니다.

제가 아는 어떤 여성분의 이야기를 소개해 드릴게요. 아마미야씨는 당시 33세였습니다. 남자친구는 아마 2살 정도 어렸던 것 같습니다. 그녀는 학벌이 좋고 크리에이티브한 기획 쪽의 일을 하고 있었지요.

　사귀기 시작해서 3년 정도가 지났을 때, 아마미야씨는 '정말로 이 사람이 내 결혼 상대일까?'하고 망설이기 시작했습니다. 그래서 클럽이나 미팅에 나가 더 나은 남자를 찾기 시작했지요. 그런 그녀에게 저는 '왜 그는 아니라고 생각해요?'하고 물어봤습니다. 그러자 그녀는 '매너리즘에 빠져 버렸고, 최근에는 특별히 두근거리는지도 모르겠어요. 거기다 그는 대인관계도 나쁘고, 못생겼다구요.'라고 말하는 게 아니겠어요!

　저는 너무 놀라서 저도 모르게 아마미야씨에게 이렇게 야단쳤습니다. '자기가 제일 좋아하는 남성이 지금의 남자친구 아닌가요? 만약 남자친구에 대해서 정말로 그렇게 생각 하고 있다면 그에게 실례되는 것이니 지금이라도 헤어지는 게 좋겠어요. 진정한 커플은 서로의 단점도 받아들이며 제일 가는 친구가 되는 거에요. 게다가 자신이 사랑하는 사람에 대해서 남자친구를 본적도 없는 저에게까지 그렇게 나쁘게 말하는 것은 좋지 않아요. 제가 아마미야씨의 남자친구와 만날 기회가 있게 되면 선입관을 가져 버리지 않겠어요?'

아마미야씨는 그제서야 자신의 잘못을 느꼈는지 침묵이 흐르더군요, 무언가 깨달은 모양이었습니다. 그 이후로는 남자친구의 단점이 아닌 장점을 보려고 했다고 합니다.

결코 대인관계가 좋다고까지 말할 수 없는 그이지만, 말투 하나하나는 신중하고 무게가 있다든가, 사람을 잘 관찰해서 상대가 원하는 것을 포착하는 것에 능숙하다든가, 그 통찰력을 일에 잘 활용하고 있다든가, 그리고 묵묵히 집중해서 매사에 몰두하고 반드시 결과를 이뤄낸다든가, 그렇게 그의 장점을 잘 보고 있노라니 '이렇게 훌륭한 사람을 앞에 두고 왜 지금까지는 몰랐을까?'하고 생각을 정리하게 되었다고 합니다.

그리고 반년 후 아마미야씨로부터 한 통의 메일을 받았습니다. 그것은 '남자친구의 프로포즈를 흔쾌히 받아들였어요!'라는 보고였지요! 기뻐하는 그녀의 목소리가 귓가에 울려 퍼지는 메일이었습니다. 거기다 다시 그로부터 반년 후, 그녀는 6월의 신부가 되어 멋진 결혼식을 올렸어요.

그 후 여러 가지 어려움도 있었던 모양입니다만, 그녀는 일을 그만두고 전업주부가 되어 헌신적으로 남편을 내조하고 있고 남편도 꿈을 향하여 전력을 다하고 있습니다. 아이도 갖게 되어 아마미야씨는 행복한 나날을 보내고 있다고 하네요.

상대의 결점을 보려고 들면 얼마든지 볼 수 있겠지요. 하지만, 단점이 있는 것은 서로 마찬가지 입니다. 그것을 서로 고치려고 노력하고 채워가며 살아가는 것이, 무릇 결혼이며 부부가 아닐까 저는 생각합니다.

사람의 단점만을 세지 말고 장점을 헤아립시다! 그렇게 하면 '내가 그때 왜 저렇게 좋은 사람하고 헤어진 걸까?'라며 후회하는 일도 없어진답니다.

self
control
04
부모님께 믿음을 드려
자립하세요

사 랑 은
서 툴 고
결 혼 은
먼
그대에게

: '빨리 결혼하지 않으면 안돼!'라는 결혼에 대한 강박관념은 부모님의 강한 압박에서 오는 경우가 많습니다. 저도 그랬죠. 1살 많은 언니가 있었는데도, 제가 서른이 되자 부모님은 '히로코가 언니보다 먼저 결혼 하겠지?'같은 뉘앙스의 무언의 압력을 넣었습니다. 저 역시 그래야만 한다고 막연히 생각했습니다. 언니도 '좋은 사람이 생기면 주저하지 말고 먼저 가도 괜찮아!'라며 태평스레 웃곤 했지요. 그런데 이듬해 언니는 서른 두 살이 되던 해에 결혼했고, 1년 후에는 귀여운 여자 아이까지 낳은 것입니다!

반면에, 저는 아무리 기다려도 도무지 결혼할 만한 기미가 없었던 거였죠. 걱정이 태산 같았던 아버지는 심각하게 저의 결혼 상대를 찾으려고 노력하셨던 모양입니다. 나중에 어머니로부터 들은 이야기입니다만, "히로코를 결혼정보회사에 가입시키는 게 낫지 않겠어?", "(고향인) 사이타마현에 가서 사람들 좀 만나고 올까?", "부모들이 가입해서 애 맞선 자리를 마련해주는 데도 있다는데?" 등 아버지는 정말로 열심이셨다고 합니다.

저의 경우에는 어머니가 너그럽게 "그 아이는 스스로 짝을 찾을 거니

괜찮을테두요."하고 아버지의 조바심을 막아주셔서 다행이었습니다. 하지만, 사람에 따라서는 '나는 누구에게도 필요 없는 사람이 아닐까?', '부모님의 기대에 못 미치는 나는 불효자지뭐!' 등의 정신적인 중압감에 사로잡혀, '미팅 소개팅 우울증'에 시달리는 여성도 있습니다.

이제 부모가 정해준 사람과 결혼해야 한다는 고루한 사고방식은 사라졌잖아요? 그렇다면 우리 세대의 결혼은 본인의 의사대로 하는 것입니다. 그리고 지금보다 더욱 행복해지기 위해서 하는 것입니다.

부모가 바라는 조건의 상대나 부모가 추천하는 상대와 결혼 했다손 쳐도 본인이 진정으로 행복하다고 느끼지 못하면, 그것은 결과적으로 효도가 아닙니다. 부모는 자식의 행복을 바래서 결혼하기를 원하는 것이지, 본인의 행복 때문에 결혼하라고 강요하시는 것이 아닙니다. 당신이 납득하고 '이 사람과 함께라면 행복해 질 수 있어!'라고 생각되는 상대와 결혼해야만 하고, 바로 그것이 가장 큰 효도입니다.

그러기 위해서는 먼저 경제적으로나 정신적으로나 '부모님으로부터 자립'하는 것이 선행되어야 한다고 생각합니다. 자연스럽게 부모로부터 자립이 되어 있고, 부모 자식간에 서로 신뢰하는 사이라면, 부모가 딸에게 결혼을 과도하게 밀어붙이는 일도 없을 것이고, 설혹 그런 행동을 하셔도 딸이 그 말을 흘려 들을 수 있을 것입니다.

단, 부모님이 당신에게 어떤 말씀을 하셔도, 그것에 대해 강한 불만을 표하거나 싸우지는 마세요. 부모님은 당신을 사랑한 나머지 무심코 참견하게 된 것이니까요. 그것도 하나의 애정표현인 셈이죠. 만약 결혼을 재촉하신다면 그 때는 이렇게 말해 보세요.

"걱정 해 주셔서 감사해요. 그렇지만, 저는 정말로 행복해질 수 있는 상대와 결혼하고 싶고, 그런 사람을 천천히 찾아 보려고 해요. 상대를 잘 알아보지도 않고 서둘러서 결혼했다가 나중에 후회하거나 이혼하는 건 싫으니까요. 저를 믿고 조금만 더 지켜봐 주세요."라고.

당신이 평소에 제대로 신뢰받고 있다면, 부모님은 위와 같은 발언에 더 이상 아무 말씀도 하지 않으실 것이 분명합니다.

결혼은 자신이 행복해지기 위해 하는 것입니다. 그러니 그 최종적인 결단은 무슨 일이 있어도 스스로 내려야 한다고 저는 생각합니다.

좋은 사람이 없다는 말은
거짓말입니다

: 세상의 절반이 남자입니다. 그럼에도 불구하고, 미팅, 소개팅에 열을 올리는 여성들이 항상 '좋은 남자가 없어!', '좋은 남자를 만날 기회가 없어!'라고 말합니다. 과연 정말로 그럴까요?

저는 '노'라고 생각합니다. '좋은 사람이 없는' 것이 아니라, '있어도 깨닫지 못하고 있을 뿐'인 것은 아닐까요? 성실한 여성일수록 자신의 결혼 상대에 대한 스트라이크존을 좁게 잡고 있는 것 같습니다. 그것은 단지 눈이 높다든가, 분수에 넘친 희망을 갖고 있다거나 하는 것이 아니라 낡은 결혼관이나 고정관념에 사로잡혀 있다는 뜻입니다.

예를 들면 '상대는 나보다 3살 연상 정도가 좋을까? 뭐, 조금 넓혀서 7, 8살 위까지는 OK일까?'라고 생각하는 여성이 있다고 칩시다. 여성은 연상에 대해서는 스트라이크존을 넓게 가지고 있지만 '연하'라는 선택지는 전혀 상상하고 있지 않습니다. 이것은 정말 아까운 일이라고 생각합니다.

여기서, 다시 제 지인에 관한 이야기를 들려 드릴게요. 그녀, 요시다씨는, 열심히 자신의 일에 몰두하고 있는 커리어우먼입니다. 수트가 잘 어울리고 매끄러운 머릿결이 상큼한 33세 여성이지요. 그녀는 좀처럼 좋은 남자가 없다고 한탄하고 있었습니다.

그녀의 직업은 영업직으로서, 육체적으로 힘겨운 날을 보내고 있었던 모양입니다. 어느 날, 저는 그녀의 상담에 응해주는데 운명의 상대와 왜 만나지 못하는 것인가에 대해 일장연설을 하기 시작하는 것입니다. 그 이유는 '만남이 없다', '만남의 장에 발걸음 할 시간이 없다' 등등.

그러나 직장에는 많은 남자 동료나 상사가 있지요. 게다가 고객이나 거래처에도 남성은 분명히 많이 있었습니다. "그런 사람 중에서 맘에 드

사 랑 은
서 툴 고
결 혼 은
　　　먼
그 대 에 게

는 사람이 하나도 없어?"라고 묻자 "없어요!"하고 단칼에 자릅니다. 간혹 맘에 드는 남자가 나타나도 나이가 꽤 많거나 유부남이다는 것이 그녀의 고민이었습니다.

그런 그녀에게 저는 '주변을 잘 살펴 볼 것'이라고 충고했고, 그녀도 말하고 싶었던 것을 털어놔서 후련했던지 순순히 수긍해주었습니다.

그리고 며칠 후, 그녀로부터 여러 차례 부재중 전화가 남아 있었습니다. 항상 문자로 연락했기 때문에 이상하게 생각한 저는 서둘러 전화를 걸어 보았습니다. 드디어 남자친구가 생겼다고 하는 게 아니겠어요! 심지어 저와 대화 한 다음날에요. 상대는 9살이나 어린 연하의 24세 남성으로 사회 진출 2년째인 직장 동료라고 했습니다.

"헉! 마음이 맞아?"

저는 그녀가 이전에 말하던 이상형과는 너무 거리가 멀다는 생각이 들어서, 자세히 이야기를 들어보기로 했습니다. 그 남성은 그녀가 일하는 업계에서 아주 훌륭한 영업성과를 거두고 있는 엘리트 영업맨이라고 합니다. 회사가 조합제를 취하고 있어서, 그의 수입은 일반 24세의 샐러리맨의 3~4배. 그가 그 정도로 열심히 일하는 이유는 25살까지 반드시 독립하고 싶다는 명확한 목표가 있고, 이를 통해 부모님께도 효도하고 싶기 때문이라고 하네요. 그녀는 바로 곁에서 그와 함께 일하면서 그런 그의 생각을 알게 되었지요.

그런 그가, 실은 수차례 요시다씨에게 대쉬를 하려고 식사 초대를 했었던 모양입니다. 그런데 그녀는 '나이도 한참 위인 날 놀리다니!'라며 진심이라고 전혀 생각하지 못했고, 그것이 심지어 사랑 고백이었다고 꿈에도 몰랐다고 합니다.

그런 관계였던 그와 도대체 어떻게 해서 사귀게 됐는지 물어봤습니다.

그녀는 평소 직장 동료들에게 "내가 요즘 다니고 있는 '레벨업 아카데미'의 이치카와씨가 말이야…"라며, 저에 대해서 자주 이야기했었다고 합니다. 그녀는 저와 만난 다음날에도 마침 저에 대해서 이야기하고 있었는데, 그 때 지금의 남친이 그 이야기를 들어주었다고 합니다.

"이치카와씨에게 미팅, 소개팅 상담을 했더니 '좋은 사람이 없다, 없다고 생각하면 멋진 사람은 절대로 나타나지 않아요. 어쩌면 이미 만났을지도 모르는데 요시다씨가 안테나를 펴고 있지 않아서 그 만남을 눈치채지 못하고 있을지도 몰라요. 먼저 멋진 만남이 자신에게도 있을 것을 믿고 주변 남자들부터 다시 살펴 보세요'라고 하시더군요."라고 요시다씨가 말하자, 그가 그녀의 눈을 지긋이 바라보며 이렇게 말했다고 합니다.

"그러니까 말했잖아요! 여기 있다고요!"

그 순간, 그녀는 당황한 나머지 얼굴이 새빨갛게 달아 올랐다고 합니다. 그 모습을 상상하는 저까지도 손발이 오그라드네요. 그 날을 생각하며 들떠서 이야기하는 요시다씨의 전화 목소리가 너무 커서, 슬쩍 음량을 내리고 핸드폰을 귀에서 조금 떼었던 기억이 아직도 남아 있습니다.

그 후, 두 사람은 함께 살기 시작했습니다. 그리고 반년 남짓 지났을 때, 회사를 그만두고 함께 새로운 사업까지 시작하여 요시다씨는 그의 좋은 파트너로서 사업을 유지해 가고 있습니다.

이제 곧 두 사람의 결혼이 임박했다고 합니다.

이렇게 자신이 안테나를 펴고 있지 않거나, 낡은 관념에 사로잡혀 주변에 멋진 남자가 있다는 사실을 눈치채지 못하고 있는 여성이 꽤 많을 것입니다. '주변에 있을 리가 없어!'라며 마음의 문에 빗장을 걸어 잠그지 말고, 한번 새로운 눈으로 주위를 살펴보세요. 그 곳에 이미 운명의 상대가 서 있을지도 모릅니다.

모든 컴플렉스에서
벗어나세요

: 인생에서 또 한 번의 질풍 같은 사랑이 지나갔을 때, 어떤 생각을 하세요?

'이번에도 실패했어. 내가 ○○세니까.'

'역시 남자는 ○○한 여자를 좋아하는 걸까?'

이렇게 본인의 연령이나 생김새, 스타일, 학벌, 경력, 집안 등 스스로 컴플렉스를 만들고, 제멋대로 자기 혐오에 빠져 버리지는 않나요? 그것은 아주 위험합니다! 자기 스스로 점점 멋진 사랑을 밀쳐 내고 있는 것과 마찬가지입니다.

저는 일 때문에 패션모델들과도 자주 만나는 편입니다. 제 아무리 아름답고 스타일리쉬한 모델이라도 많은 컴플렉스를 갖고 있습니다. 예를 들어 '가슴이 작아!', '워킹을 잘 못해!', '모델로서는 키가 작아!', '피부가 연약해!' 등등. 그러나 컴플렉스를 갖고 있어도 그것을 극복하면서 도리어 도약의 기회로 삼고 있는 사람도 많습니다. 누구나 어떤 누구에게도 지지 않을 장점이 있게 마련입니다. 먼저 자신의 장점을 찾으세요.

"나는 내가 싫어요. 그래도 당신은 날 좋아해줬으면 좋겠어요."

"나는 결점도 많고 구제불능인 사람입니다. 그래도 이해해주세요."

만약 다른 사람에게 이런 말을 들었다면 그 사람을 좋아할 수 있을까요? "좀 뻔뻔스럽지 않아?"라고 생각하는 분도 적지 않을 테지요.

"나는 ○○이니까 안돼", "나는 ○○이니까 어쩔 수 없어"라고 말하면, 사람들에게 동정 받을 수도 있고, 멋진 연애를 못하는 자신을 합리화할 수도 있겠지요. 하지만 그것을 반복하고 있으면 발전하고 성장할 수 없습니다. 발전하고 성장한 딱 그만큼, 멋진 연애를 할 수 있는 것입니다.

여기서, 아래에 당신의 장점을 써 보길 바랍니다.

_____

_____

_____

_____

이런 말을 들어도 좀처럼 자신의 장점이 생각나지 않는 분이 있을지도 모릅니다. 그런 분은 바로 눈 앞에 있는 타인에 대해서도 그 사람의 장점을 보고 있지 않을 가능성이 높습니다.

그럼, 반대로 아래에는 스스로 생각하기에 본인의 싫은 점을 써 봅시다.

_____

_____

_____

_____

그리고 다시 아래에는 그 싫은 면을 억지로라도 좋은 말로 표현한다면 어떻게 될지 써 보세요.

_____

_____

_____

_____

저는 20대 때, '동안'때문에 마치 초등학생처럼 보이는 것이 가장 큰 컴플렉스였습니다. 어떻게 화장을 해도 성인 여성처럼 보이지 않는 것이었습니다. 게다가 언제까지고 유아 체형, 일명 '초딩 몸매'였습니다. 멋진 성인 여성이 되고 싶었습니다. 화장 뿐만 아니라 헤어스타일을 바꾸거나, 실크나 캐시미어 소재의 옷을 입는 방법으로 어른스럽게 보이려고도 해봤습니다. 그리고 발목이 두꺼운 것도 컴플렉스 중 하나여서, 에스테틱 같은 곳을 다니면서 발목을 얇게 만들어 보려고 노력한 적도 있습니다. 폭식증에 걸려 단기간에 17kg이나 살이 쪘을 때 남자친구에게 차인 후 너무 분해서 다이어트에 미쳐 본 적도 있었습니다.

그리고 남들 앞에서 이야기하거나 제 생각을 타인에게 전달하는 것에 서툴렀습니다. 이것을 극복해 보려고 대화능력향상 교실에서 스피치 연습을 하거나 신경언어 프로그래밍(NLP)강좌에서 커뮤니케이션 스킬을 배웠습니다. 제가 다니던 회사에서 대외적인 기업설명회가 있으면 프레젠테이션을 하는 발표자를 자청하기도 했었죠. 그러던 제가 지금은 사람들 앞에서 이야기하는 것을 업으로 해서 먹고 살고 있으니 참으로 신기한 일이지요.

물론 컴플렉스를 극복하는 것은 원래 잘 하던 것을 더욱 발전시키는 것 이상으로 힘든 일입니다. 또, 마음 속 깊은 곳에 상처를 안고 있는 사람의 컴플렉스는 그것을 극복하는 과정에서 더 큰 상처를 입을 수도 있으므로 각별한 주의가 필요하기도 합니다.

'모리산츄우(森三中)'라는 3인조 여성 코메디그룹으로 인기를 끈 오오시마 미유키씨의 인생 다큐멘터리를 우연히 보게 되었습니다. 오오시마씨는 어렸을 적 '왕따'를 당했다고 합니다. 수영장에서 발가벗은 채로 수영을 해야 했다거나, 발가벗겨지고 흙을 뒤집어 쓰는 등 참담하고 극심한 '왕따'때문에 매우 힘들었다고 하더군요. 중학교 입학 이후에도 왕따였던 오오시마씨는 생각하다 못해 가해 학생들에게 물어 보기로 했습니다. "왜 나를 괴롭히는 거야?" 그러자 아이들은 "니가 울면 재미있거든!"이라고 답했다고 합니다.

그 답변을 듣고 보통 사람이라면 더 큰 상처를 받고도 남았을 테지만,

그녀는 그것을 계기로 "내가 우는 걸 보면 남들은 재미있다고 느끼는구나!"라고 생각하게 되어, 개그의 길을 걷기 시작했습니다. 그 후, 일본을 대표하는 인기 개그우먼으로 성장하였지요. 그녀는 현실을 확실히 받아들이고, 그것을 어떻게 대처할 것인지를 생각하여 실천에 옮긴 훌륭한 사람입니다.

인기 가수 안젤라 아키씨도 컴플렉스를 자신의 장점으로 승화시킨 사람입니다. 데뷔 초에는, 어머니가 이탈리아 계 미국인이어서 혼혈인 자신의 얼굴이 다른 사람과 다르다는 점, 그리고 가수로서 자신감이 부족하다는 점을 좀처럼 극복하기 어려웠다고 합니다. 하지만 그 후, 얼굴도 목소리도 '개성'이라 생각하면서부터 인생이 180도 바뀌었다고 합니다. 그녀는 이렇게 말했습니다.

"남들한테 노래로 사랑을 전하려 한다면, 먼저 나의 과거, 나의 결점부터 인정하고 사랑해야 해요. 나 자신을 사랑하고 있는지 확인하는 작업이 필요한 거죠. 스스로와 마주하지 않고서는 앞으로 전진할 수 없다고 생각합니다."

자신을 사랑한 만큼만 다른 사람을 사랑할 수 있게 되고 사랑 받는 사람이 됩니다. 정작 본인이 자신의 컴플렉스를 대해 신경 쓰는 만큼 다른 사람은 그것에 대해 신경 쓰지는 않는 답니다. '자신을 '신'뢰한다의 준말로 '자신(自信)'입니다. 스스로를 더더욱 사랑해서 자신(自信)감을 가집시다!

저평가된 주식을 찾듯
결혼상대를 찾으세요

사 랑 은
서 툴 고
결 혼 은
먼
그 대 에 게

: 누구나 당연히 상대에게 바라는 연봉이나 학벌 등 희망사항이 있을 것입니다. 그러나 그것을 파트너 찾기의 절대조건으로 삼는 것은 권하고 싶지 않습니다. 운명의 상대와 만날 가능성을 너무 좁혀버리기 때문이지요.

"만약 죽어도 포기 못할 게 있다면?"이라고만 생각해 보십시오.

저의 이런 제안에 대해 아래와 같은 말을 하는 여성이 있었습니다.

"제 경우에는 한동안 연봉이 1억 이상에 도쿄 6대 명문대 중 한 군데를 졸업한 남자…따위의 조건을 고수했었지요. 그런데 곰곰이 생각해 보니 그게 중요한 것이 아니었어요. 현재 연봉이 문제가 아니라, 무슨 일이 있어도, 전 재산을 잃는다고 해도 다시 일어 설 수 있는 '불굴의 정신력을 가진 남자'나 '뭔가를 이룩해 낼 수 있는 남자'가 이상형이었다는 걸 깨달았지요."

물론 상대의 연봉이 1억 이상이라면, 당신은 일을 하지 않아도 다른 사람보다 풍족한 생활을 할 수 있겠지만, 세상은 변하기 마련입니다. 아무리 높은 연봉의 남자와 만나 결혼했다고 해도 그 수입이 계속 오르리란 법도 없고, 오히려 줄 가능성도 있지요. 그러면 그 때에는 그가 싫어질까요? 만약 그렇다면 그 사람이 좋아서 결혼한 것이 아니라 돈이 좋아서 결혼한 것밖에 아닌 셈이죠.

물론 확실히 '남성의 능력'이라고 하면 '연봉'이 떠오를지도 모르지요. 수입이 적은 것보다야 많은 편이 좋을 것이고, 자본주의 사회에서 연봉은 그 사람의 '사회적 지위'라고까지 할 수 있을 것입니다.

하지만, 그 남성은 아직 당신이라는 운명의 상대를 만나지 못해서 연봉이 높지 않은 것일 수도 있습니다. 당신과의 만남으로 인해 당신의 내조나 애정 어린 보살핌에 의해 차곡차곡 경력을 쌓고 연봉도 올라갈 수 있는 사람일지도 모릅니다. 실제로 저희 부부도 서로의 부족한 부분을 메워주면서 조언해 주다 보니, 각자의 연봉이 높아지고 있기도 합니다.

게다가 제가 아는 사람 중에서 결혼 상대와 만나기 전에는 클럽에서 이루어지는 '즉석만남'에만 몰두하던 남성이 있었습니다. 그 남성조차도 결혼하고 아이가 생기면서부터 무척 성실히 업무에 매진하더니 연봉이 급상승하였습니다. 반대로, 모 재벌기업의 후계자면서 여자친구를 임신시키고도 무책임하게 여성과 헤어지는 등 좀처럼 정신 못 차리는 남성도 알고 있지요. 또, 높은 연봉을 자랑하던 남자에게 속아서 결혼한 여성도 있어요.

저는 남성을 위한 표정미남 만들기 프로젝트나 대화능력 향상 프로젝트 등을 실시하고 있어서, 다양한 타입의 남성을 접하고 있습니다. 그러다 보니 느낀 점이 자신의 연봉을 과시하는 사람 중에 좋은 사람은 없다는 것입니다. 정말로 높은 고연봉자는 그 아우라나 포스, 카리스마로 알 수 있는 것이지, 결코 그 사실을 자기 입으로 과시하는 일이 없습니다.

또, 여러 여성을 접해보면, "부잣집 아들은 분명 여자관계가 복잡할 거야!"라는 선입견을 가진 여성도 많다는 사실을 알 수 있습니다. 그러나 꼭 그런 남성만 있는 것만도 아니랍니다. 모든 것은 사람 나름이지요. 여자인 우리들이 '매의 눈'으로 그런 부분을 구별해 내는 방법을 익혀야 하는 것이지요.

아무튼 운명의 상대를 선택함에 있어서, 현재 연봉의 높고 낮음은 중요한 요소가 아닙니다. 앞으로 비약적으로 성장할 것 같은, 장래성이 있는 사람을 고르는 것이 가장 바람직할 것입니다.

제가 한 때 실연 당했을 때, 어머니께 여쭤보았습니다.

"어머니, 결혼이란 대체 뭘까요…?"

"결혼? 그건 있지, 결혼은 '주식'같은 거 아니겠니?"

"엥? 주식이요?"

"그래, 주식 말이야. 지금이 어떻다가 아니라, '이제부터 올라갈 사람 아닐까?'라는 걸 생각해서 고르는 거지. 고르고 난 후에 불평할 수 없고. 스스로 결정한 거니까 어떻게 되든 자신의 책임인 거야. 그게 결혼이지. 자신은 '이 사람이 제일이야!'라고 생각했는데 막상 결혼해 보니 그 사람에 대한 평가가 내려가는 경우도 있을 것이고, 서로 의지하면서 상대에 대한 점수가 올라가는 경우도 있을 테니까. 그런데 말이야, 결혼이란 남녀가 상호작용하는 측면도 있고 해서, 주식을 사기 전까지는 주가가 어떻게 될지 모르는 것처럼 결혼하기 전에는 상대에 대해 자세히 알 수가 없잖니? 참고로 엄마가 아빠를 만난 건 너무 행복하고, 그야말로 정말 정답이었단다!"

나름 일리 있는 어머니의 말씀에 고개를 끄덕였던 기억이 있습니다.

결국, 그 사람의 연봉이나 학벌만으로 그 사람을 판단해 버리면, 그 사람 자체가 보이지 않습니다. 학력이 높아도, 대학교 졸업 후 아르바이트만 하고 있는 사람도 많고, 미래에 대한 꿈도 없이 그저 부모에게 얹혀서 대학에 다녔다는 사람도 있습니다. 그런가 하면 아르바이트를 몇 개씩이나 하며 스스로 학비를 벌어 대학에 다닌 사람도 있지요.

'어린왕자'의 작가 생떽쥐베리는 이 작품에서 이렇게 말합니다.

"정말로 소중한 것은 눈에 보이지 않는다."

눈에 보이는 연봉이나 학벌 속에 숨어 있는 '인간성' 자체에 시선을 돌리세요. 그리고 그 인간성 자체에 대한 '조건'을 명확히 해 둘 것을 권합니다!

self
control
08

일하는 여성이 되어
가능성을 넓혀 보세요

사 랑 은
서 툴 고
결 혼 은
먼
그대에게

: 연봉 이야기가 나온 김에, 한 마디만 더!

2007년 노무라 통합 연구소의 조사에서 산출된 '이혼 경력 없는 미혼 남성'의 연봉 분포도에 따르면, 20대~40대의 이혼 경력 없는 미혼 남성의 평균 연봉은 4000만원 미만이 83.9%, 4800만원 이상 5000만원 미만이 8.4%, 5000만원 이상 7000만원 미만의 남성이 4.9%, 7000만원 이상 1억 미만의 미혼 남성은 2.4%, 1억 이상은 겨우 0.4%였습니다. 이 수치에 대해 어떻게 생각하세요?

여성들이 흔히 조건으로서 내거는 '연봉 7000만원 이상'의 남성은, 2.8%밖에 없습니다. 게다가 이것은 20대부터 40대(20세~49세)라는 넓은 연령층에서 얻어낸 수치입니다. 20대 후반에서 30대 정도의 남성만을 대상으로 조사했다면 연봉 7000만원 이상의 남성숫자는 더욱 적어지겠죠.

'남성들의 현실'과 '여성들의 이상'의 틈바구니에서, 연봉이 낮은 젊은 남성 중에는 현재 사귀고 있는 여성이 있어도 감히 먼저 결혼하자고 프로포즈하지 못하는 사람이 늘고 있다고 합니다.

　일본 츄우오 대학의 야마다 마사히로 교수는 그의 저서 '결혼시대(디스커버21)'에서, "이제 결혼에 성공하려면 남편의 수입으로만 가계를 꾸려나가는 '봉건 시대형 결혼'에서 벗어나야 한다. 그 대신, 부부 합산 수입으로 가계를 영위해 나가는 '남녀 공동 참가형 결혼'을 목표로 해야 한다."고 했습니다. 경쟁률이 높고 확률이 낮은 2%의 남성을 바라면서 몇 년이고 기다리지 말고, 현대 사회의 신여성답게 자신도 일하는 '맞벌이형 결혼'을 지향해야 하지 않을까요?

　이는 경제, 사회 여건이 바뀌면 기업의 경영방법이 바뀌는 것과 똑같은 이치입니다. 국제화, 세계화의 영향으로 인건비를 낮추기 위해 해외 노동자를 고용하는 기업이나 인건비가 들지 않는 인터넷 판매 등으로 전환하는 기업이 늘어나는 것처럼, 시대의 변화에 따라 결혼의 모습도 바뀐다는 것입니다.

연봉 8000만원의 영업맨인 남편이 만약 해고된다면? 그 때 당신은 어떻게 하겠습니까? 변치 않고 남편을 사랑하며 섬길 수 있나요?

　만약, 지금 사귀고 있는 남자친구가 연봉 4000만원이라도, 당신의 연봉이 3000만원이라면 두 사람이 합해서 7000만원이 되지요. 물론, 여성은 출산과 육아라는 인생의 큰 이벤트가 있으니, 일과의 양립이 결코 쉬운 일은 아닐 것입니다. 그러나 일을 계속 함으로써 커리어를 쌓아 올리는 것은 육아와는 또 다른 매력, 즉, '살아가는 보람'을 느끼게 만들어 주는 것이기도 합니다. 그리고 무엇보다 자신의 경제적 자립을 확보함으로써 남편의 경제력에만 의존하지 않을 수 있습니다.

　불행히 남편이 병에 걸리거나 해고되더라도 정신적으로나 경제적으로 가정생활을 지탱해 줄 수 있는 의연하고 강인한 여성을 원하고 있는 남성도 결코 적지는 않다는 것을 잊지 마세요.

: 저는 매력적인 사람이 되기 위해서는 외모와 매너, 의사소통 능력을 향상시키는 것이 필수라고 자주 말해 왔습니다. 여기서 '외모'라는 것은, 얼굴 생김새가 좋고 나쁜 것만을 의미하는 것이 결코 아닙니다. 표정이나 몸짓, 자신에게 맞는 머리나 화장, 패션, 그리고 센스를 갈고 닦아야 한다는 것을 뜻하지요.

특히 표정은 아주 중요합니다. 제 아무리 얼굴이 예쁜 사람이라도, 표정이 어두우면 '미인'에서 탈락입니다! 반대로, 그렇게 미인이라고는 할 수는 없지만, 표정이 밝고 미소가 멋진 사람, 표정이 풍부한 사람은 남성이건 여성이건 인기가 많습니다. 성형수술에 거금을 들이기 전에, 찡그린 얼굴이나 무표정하고 뚱한 얼굴을 짓고 있을 때가 많은 것은 아닌지 먼저 반성해 보세요.

옛날에 함께 일했던 사람 중에 미소가 매력적인 여성이 있었습니다. 그런데 그 여성은 다른 사람 앞에서의 표정이 혼자 있을 때의 표정과 너무 달랐습니다. 한마디로 '겉으로만 상냥한 사람'이어서 상당한 충격을 받았지요. 그녀가 표정 지을 때의 버릇은, 입을 삐쭉거리며 ∧모양을 하는 것이었습니다. 저와 함께 강좌를 진행했을 때 수강자들 앞에서는 아주 상냥한 미소를 짓다가도 강사대기실에 돌아와서는 "저 사람 넥타이 색하고 와이셔츠 색이랑 완전 따로 노네.", "저 사람은 자기 캐릭터랑 맞지도 않는 옷을 입었군."하며 패션 뒷담화를 퍼부은 뒤, 꼭 입을 ㅅ모양으로 하는 것이었습니다. 남의 좋고 나쁜 점이 보이면 자기부터 고치라는 말이 떠올라, 저는 즉시 대기실 거울로 제 표정을 들여다 봤습니다.

또, 항상 불만스러운 사람이나 무언가 고민을 갖고 있는 사람은 평소에 표정 미인이 되기 어렵게 마련입니다. 미간에 내천(川)자 주름이 깊게 파여 있는 사람은 신경질적인 타입이거나, 어려운 문제를 해결하는 직업을 가지고 있는 분일 때가 많습니다. 미간에 주름이 있는 사람은 깐깐해 보여서 다가가기 어렵지요. 그런 표정 하나 하나가 자신도 모르게 다른 사람을 밀어내고 있을 가능성이 있습니다.

이처럼 표정은 사람의 인상을 크게 좌우합니다. 그러니 꼭 '표정미인'이 되길 바랍니다. 항상 거울을 보고 자신이 어떤 표정을 자주 짓는지 체크해 봅시다. '여성의 미소는 일곱 가지 결점도 가린다.', '어머니의 미소는 가족의 보물'이라는 일본 속담이 있습니다. 멋진 여성, 멋진 아내, 그리고 멋진 어머니가 되기 위해서라도 미소 짓는 연습을 해 둡시다.

표정
미
남을
찾아
보세
요

사 랑 은
서 툴 고
결 혼 은
먼
그대에게

: 자기 표정 관리의 중요성을 깨닫게 되면, 이제 단순히 '미남'을 찾는 것이 아니라 '표정 미남'에 주목하게 됩니다.

예를 들어, 갓난 아기의 눈이 초롱초롱한 것은 순수하게 호기심을 가지고 주변을 보고 있다는 증거입니다. 눈이 반짝반짝하고 또렷한 사람은 아기와 마찬가지겠지요. 이제까지 소년과 같은 마음을 지켜 온 호기심 가득한 사람일 것입니다.

남성은 어렸을 적부터 남자답게 자라나야 한다는 교육을 받는 경우가 많아서, 남자는 사람들 앞에서 이를 보이며 웃으면 안된다고 생각하는 경우가 있습니다. 그러나, 남자 역시 매력적인 미소를 가진 사람이 있게 마련입니다. 항상 미간을 찌푸려서 '내천(川) 자 주름'이 파인 사람보다는, 눈웃음으로 생긴 '눈가 주름'이 많은 남자가 훨씬 매력적입니다.

다만, 남자가 웃을 때 눈가를 잘 살펴봐야 합니다. 눈꼬리의 옆주름이 없거나 실눈이 되어 웃지 않는 경우에는 당신과 보내는 시간이 재미없음에도 마지못해 웃어주고 있을 가능성도 있으니까요. 정말로 진심으로 웃고 있을 때는 양쪽 눈이 비대칭으로 쳐져 있을 것입니다.

미국의 정신과학자 '로저 스페리'는, 뇌는 좌우로 분업하고 있다는 것을 발견했습니다. 그에 따르면, 우뇌는 이미지 기능, 좌뇌는 언어 기능을 담당하고 있다고 합니다. 뇌 신경은 좌우 반대로 통과 하고 있으니, 우측 얼굴(보는 쪽에서 좌측 얼굴)은 '낮의 얼굴'이라 일컬어 지며 사회적, 사교적 측면을 나타내고 있다고 합니다. 반대로 좌측 얼굴(보는 쪽에서 우측의 얼굴)은 '밤의 얼굴'이라 불리며, 그 사람의 본심이 나타난다고 합니다. 그러므로, 상대의 좌측의 얼굴이 아주 편안하고 미소 짓고 있으면 최고인 셈이지요. 그는 분명 마음속으로부터 당신과의 시간을 즐기고 있다는 것이니까요.

'이렇게 사소한 것에까지 신경 쓰면서 남자를 만나고 싶지는 않아!'라고 응수하는 여성도 있을 수 있습니다. 그러나 평소 주위에 염두에 둔 남자가 있다면, 최소한 그 남자의 표정만이라도 잘 살펴 보세요. 그 남자가 언제 상냥한 표정이 되는지, 나는 어떤 표정을 짓고 있는 그를 멋지다고 여기는지 잘 지켜보세요. 표정은 그 사람 본연의 마음을 나타내 줄 때가 많습니다. 심술 궂은 사람은 심술 궂게 생긴 얼굴을, 됨됨이가 좋은 사람은 인품이 좋을 것 같은 얼굴을 하고 있게 마련입니다.

'꽃미남처럼 잘 생긴 사람'보다는 '표정이 잘 생긴 사람'을 찾으세요. 그것이 핵심입니다.

연애 테크닉보다는
마음입니다

: 요 근래 2~3년 사이에 부쩍일까요? 미팅, 소개팅을 위한 서적이나 DVD, 연애테크닉을 가르친다는 픽업아티스트니 하는 등의 연애강좌가 봇물처럼 쏟아지고 있습니다. 이런 세태에 대해 정말로 경종을 울리고 싶습니다. 물론, 이러한 미디어를 통해서 상대의 마음을 얻기 위한 테크닉을 조금이라도 향상시키려는 것을 두고 전혀 필요 없는 것이라고만 할 수는 없겠지요. 그러나, 역시 연애나 결혼은 '마음으로' 하는 것입니다!

마음은 내버려 둔 채 테크닉만 배운다면, 생각만큼 좋은 결과가 눈 앞에 나타날까요? 사람이 사람을 좋아하는 것은 너무나 자연스러운 일입니다. 거기에 맨 처음 필요한 것은 상대에 대한 마음이지 테크닉이 아닙니다.

상대에 대한 마음이 있으니까 배려심을 가지고 대하게 될 수 있는 것입니다. 또 상대의 미소를 보기 위해 상대방이 기뻐하는 것을 해주고 싶다고 생각하는 것입니다. 그런 마음 때문에 데이트 할 때, 깜짝 선물을 사 가게 되기도 하고 맛있는 요리를 준비하게 되기도 하는 것입니다. 마음이 움직여 행동으로 옮겨지는 것이지요.

당연히 중학생이나 고등학생 때의 연애와는 다르니, 연애 기술의 수준도 높여갈 필요는 있겠지요. 그러나 테크닉에만 치우쳐 있다면 그것은 정말로 위험합니다.

연애 테크닉에 집착하는 이유가 무엇일까요? '상대를 기쁘게 해 줄 수 있게 되고 싶어!'라면 그나마 괜찮습니다. 하지만, 그 반대로 '상대에게 더 사랑 받을 수 있게 될 거야!'라는 마음가짐은 없나요?

여성은 사랑 받는 편이 행복하다고 합니다. 물론 당연히 맞는 말이죠. 하지만, 그저 자신만 사랑 받고 싶다고 생각하는 여자를 사랑해 줄 만큼 남자라는 존재가 선량하고 어수룩한 존재일까요?

단지 짧게 사귀면서 엔조이하고 싶다면, 연애테크닉을 철저히 배우고 레슨을 반복한 후 빨리 사귀는 단계로 넘어가는 것도 하나의 수단이 될는지 모르겠습니다. 하지만 지금 이 책을 읽고 있는 당신은 결혼으로 이어질 연애를 하고 싶은 것 아닌가요? 그렇다면 테크닉만으로는 통하지 않습니다. 기나긴 인생이라는 바다를 함께 건너가야 하는데 잔재주를 피우다가는 언젠가 파도에 휩쓸려 가버리겠지요.

무엇보다 상대의 마음을 움직이는 것은, 나 자신부터 상대와 함께 해서 행복하다라는 점을 진심에 담아 몸과 마음으로 표현하는 것입니다.

제 지인 중에 아주 귀여운 여성이 있었습니다. 남편이 돌아오면, 꼬리를 흔드는 강아지처럼 쪼르르 현관까지 마중을 나갔습니다. 이것은 연애 시절 동거하고 있을 때부터 변함없는 일과로, 남편도 그것을 기대하며 귀가하곤 했다고 합니다. 절로 미소 지어지는 광경이지요.

남성은 본능적으로 '여성을 행복하게 해주고 싶다'고 생각하게끔 만들어진 피조물입니다. 여성이 정말로 "당신과 있으면 행복해요."라는 것을 온몸으로 표현하면, 그것은 그에게 틀림없이 전달되어 기쁜 일로 느껴질 것입니다. 만약 이것을 테크닉으로만 표현하였을 뿐 거기에 마음이 담겨 있지 않으면, 진심이 아니라는 사실을 금새 간파 당해 버리지요.

다리를 꼬는 방법이나 애교 부리는 몸짓, 상대를 기쁘게 하는 마법의 단어 등을 배우고 외우기 전에, 먼저 '마음'을 갈고 닦는 것이 우선입니다. '상대에게 더 사랑 받고 싶어!'라는 욕구로 이런 저런 테크닉으로 사랑하면, 답례를 바라는 애정표현이 되어 버립니다. 어차피 순수하게 '상대를 기쁘게 해주고 싶다.'고 생각되는 운명의 남자를 만나면, 애초에 테크닉의 필요성을 별로 느끼지도 않을 것입니다.

테크닉으로 점철된 가식적인 당신이 아니라, 꾸미지 않은 당신을 보여 줄 수 있는 상대와 만나기 위해서라도, 연애테크닉은 이 기회에 저 멀리 치워버리세요.

자신의 맨 얼굴을 보일 수 있는 사람과 만나, 있는 그대로의 자신을 사랑해주고 받아들여 줄 수 있는 사람과 결혼 하는 것이, 진정 행복한 결혼으로 이어질 수 있습니다.

모든 집착을 내려 놓으세요

사 랑 은
서 툴 고
결 혼 은
　 먼
그 대 에 게

: 제가 23살 때 죽고 못살던 남자친구에게 돈을 빌려주는 바람에, 정작 제 자신은 경제적으로 힘들었던 쓸쓸한 경험이 있습니다. 헤어질 때 그 남자친구는 "조금씩 갚을게."라고 했지요. 하지만 저는 단칼에 거절했습니다. 만약 그 후 돈 때문에 헤어진 남자와의 관계가 질질 끌어졌다면 제 인생은 어떻게 되어 있을까요?

이 경험에서 저는 '새로운 나'를 발견했습니다. 그것은 '당당한 나', 실패의 모든 원인을 나에게로 돌리는 '남 탓 안하는 나', 그리고 그렇게까지 '한 남자를 철저히 사랑했던 나'였습니다. 헤어지면서 빌려줬던 돈조차 되돌려 받지 않겠다고 선언한 저를 두고, "너 바보니?"라며 놀리는 친구도 있었지만, 그런 것이 '쿨한 연애'라고 위안하기도 했지요.

그렇게까지 한 이유는 지나간 사랑에 대한 '집착을 버리는 것'이 중요하다는 사실을 절감했기 때문입니다. 몇 천만 원이나 빌려 줬으니 갚았으면 하는 기분은 정말 꿀떡 같았습니다. 그러나 그것에 집착해서 그와의 관계를 끊지 못했다면, 새로운 발걸음을 내딛지 못했을 것입니다.

헤어질 때, 데이트의 식사비, 동거 했을 때의 집세나 식비 등을 청구하는 남성이 있다는 얘기를 자주 듣습니다. 반대로 여성도 그런 사람이 있다고 합니다. 그런 처량하고 구차한 사람이 되지 마세요. "꼭 갚을께."라고 해서 빌려 주었는데, 나중에 갚지 않는 상황이 펼쳐지면, 이제 연애는 전혀 딴 방향으로 흘러가고 있는 것입니다. 그 때는 기존의 남녀관계를 정리하세요. 물론 그 전에 어지간한 사정이 없는 한 남녀관계에서 돈 거래는 하지 않는 편이 더 지혜롭겠지요.

요즘, 일본에서 '거절(斷)ㆍ버림(捨)ㆍ헤어짐(離)'이라는 뜻의 '단/사/리' 세 단어가 뜨고 있습니다. 이른바 '단/사/리'란, 자신과 자기 소유물과의 관계를 되돌아 보고 생활방식이나 자기 자신, 인생을 정돈해나가는 과정을 가리킵니다. 인생은 정말 '단/사/리'의 연속입니다. 특히 과거에 있었던 연애에 대한 집착은 버리는 것이 이기는 것입니다.

일에 빗대자면, "이 일을 거절해버렸는데, 새로운 일감이 들어오지 않으면 어떡하지?"라든지, "저 사람이랑은 스타일이 맞지 않아서 같이 일하고 싶지는 않지만, 큰 일감이니까 거절하기엔 아까워."라든가 하는 경우가 있지요? 회사에서 조직생활을 하고 있다면 내키지 않는 일에 어쩔 수 없이 얽혀 버리는 경우가 있을 테지만, 직접 자기 사업을 하고 있다면 용기를 가지고 거절하는 것도 필요합니다. 내키지 않는 청을 하나 둘 받아 주다 보면, 그 사람의 아우라는 약해질 수밖에 없습니다. 멋진 동료와 보람 있는 일을 하고 있을 때 비로소 눈이 초롱초롱 빛나고, 매력적인 여성이 될 것입니다.

연애도, 돈도, 일도 묘하게 집착해서 좋은 것은 하나도 없습니다. 그다지 중요하게 여겨지지 않는다든가, 이 사람과 결혼해도 행복한 모습이 떠오르지 않는다면, 안타깝지만 인연이 아니라고 생각하는 편이 옳을 것입니다. '이 사람과의 결혼을 포기한다면 다시는 결혼할 기회가 없을 지도 몰라.'와 같은 조급하고 초조한 생각에 서둘러 결혼한다면 행복해질 확률은 극히 낮을 테니까요.

　실은 저도 33살이 됐을 때, 그런 식으로 생각했던 적이 있습니다. '이 사람의 프로포즈를 거절해 버리면, 이제 언제가 될지 몰라.'라고 생각했습니다. 그러나 그 사람과 결혼 하기에는 불안 요소가 너무 많았습니다. '두 사람이라면 뭐든 극복 할 수 있어.'라는 생각이 들지도 않았고, 이 사람과 결혼한 후의 일상을 상상해 봐도 좋은 이미지가 떠오르지 않았습니다. 결혼 후의 모습을 상상해보면 웃음을 잃어버린 제 얼굴만 보일 뿐이었습니다. 나쁜 사람은 아니지만 뭔가 아니다 싶어서 그 직관적 판단을 믿고 프로포즈를 거절 했더니, 그로부터 3년 후에 지금의 운명적 상대를 만나게 된 것입니다.

　한편, '이 사람이 아니면 절대로 안돼!'라고 단정짓게 될 때에도, 어쩌면 그것이 당신만의 또 다른 집착일지도 모릅니다. 서로가 그렇게 생각하고 있다면 진정한 운명의 상대일 수도 있으나, 그 여부를 냉정히 판단해 보세요.

　정말로 인생을 함께 걸어갈 파트너란 '어떤 일이 있어도 둘이서 극복해 나가자!'라고 서로 생각하는 경우입니다.

그러한 마음 없이 '결혼해 보고 싶으니까.'라든가 '지금 이 나이에서 결혼하고 싶으니까.', '현실에서 도피하고 싶으니까.', '여자로 태어난 이상 아이가 낳고 싶으니까.' 등의 이유로 결혼하기로 마음 먹었다면, 그 때 당신 앞에 있는 남자는 운명의 상대가 아닐 가능성이 높습니다. 그것은 자신의 프라이드나 자아를 지키기 위해서 결정한 것이기 때문입니다. 아니, 어쩌면 주변의 시선을 의식했거나 허세나 체면에 집착한 결과일지도 모릅니다.

운명의 상대를 구분하는 포인트를 정리해 보면, 어떠한 계기가 있었든 간에, '이 사람이니까 결혼 하고 싶다.', '이 사람과 함께라면 행복한 장래가 그려진다.', '이 사람이니까 분명 어떤 일도 힘을 모아서 극복 할 수 있겠다.', '이 사람이니까 결점도 받아 들일 수 있다.'라고 서로 생각할 수 있어야 합니다. 그런 경우는 틀림없이 운명의 상대를 만난 경우입니다.

지금 무언가에 집착하고 있다면 먼저 그것을 내려 놓으세요. 그러면 새로운 자신과 만날 수 있습니다. 그리고 그 새로운 자신으로 멋진 사랑을 하길 바랍니다.

결혼은 그 누구도 아닌
'나'를 위한 것입니다

: 인생을 함께 할 반려자 찾기를 시작한 토모코씨. 그녀가 32세 때 사귀고 있었던 애인은 5살 연하인 27살의 남성이었습니다. 토모코씨는 전에도 연하의 남성과 사귄 적이 있었고, 그는 11살 아래였다고 합니다. 전 남자친구의 경우 스스로 내세울 만한 장점이 전혀 없는 사람은 아니었으나, 어딘지 모르게 미덥지 않은 구석 때문에 반년도 채 사귀지 못했습니다. 그렇지만 이번 남자친구는 꽤 어른스러운데다 같이 있으면 편안한 사람으로, 대기업 중역의 아들이었습니다.

사귄 지 반년 정도가 지났을 때, 그가 결혼 이야기를 꺼냈다고 합니다. 토모코 씨는 진지하게 말하는 그를 보며 기쁘긴 했으나 쾌히 승낙할 수도 없었다고 합니다. 결국 그는 한 달의 시간을 줄 테니, 그녀의 대답을 기다리겠노라고 했고요.

프로포즈를 받았을 때 토모코씨는 32세였으니, '이 프로포즈를 받아

들이지 않으면, 결혼을 영영 못하는 건 아닐까?'하는 초조함도 있었고, 이런 저런 고민 끝에 결국 결혼하기로 마음을 정하려 했습니다. 그러나 무언가 모를 불안감이 가라앉지 않는 것이었습니다. 평소에는 무엇이든 스스로 정했지만, 이 때만큼은 인생의 선배인 어머니에게 전화해 의견을 구했습니다.

"그의 프로포즈를 받아들이고 싶지만…"

별로 기쁜 것 같지 않는 토모코씨의 모습에 어머니는

"우리를 기쁘게 하려고 프로포즈를 승낙하려는 건 아니니? 결혼해서 그 사람과 함께 생활할 사람은 바로 너야. 절대로 엄마나 아빠가 아니지. 그걸 잘 생각한 후에 그 사람과의 결혼생활을 상상해 봤을 때 행복한 모습이 그려지면 승낙해도 좋단다. 만약 그렇지 않다면 다시 생각해 보는 것도 방법이지. 실은 엄마도 말야, 결혼 약속을 한 사람과 헤어진 적이

한 번 있어. 엄마 때는 20대 후반인데 시집을 못가고 있으면 아주 늦은 거라고 다들 생각 했으니 나도 참 초조했지. '그래도 뭔가 아니야.'라는 생각에 용기를 내어 거절하고 나서, 얼마 후에 너희 아빠랑 만났단다. 아빠랑 처음 데이트 했을 때 공원 벤치에 앉아서 얘길 하는데, 조그만 아이가 가까이서 뛰어 놀고 있었거든. 그 아이들한테 웃으면서 말을 건네는 니 아빨 보고 '아, 이 사람이구나!'하고 딱 느낌이 오더라고. 지금은 너희 아빠랑 결혼해서 정말로 다행이라고 생각하고 있지."라고 말씀하셨습니다.

어머니의 그 말씀을 듣고 토모코 씨는 진정으로 자기를 생각해주시는 어머님의 마음에 눈물을 멈출 수 없었다고 합니다. 그 후, 남자친구는 대답을 기다리다가 자신의 프로포즈에 묵묵부답인 토모코 씨의 태도에 충격을 받아, 그가 먼저 이별을 통보했다고 합니다.

토모코씨가 그의 프로포즈가 썩 내키지 않았던 이유는 두 가지 사건 때문이었습니다. 그가 부모님으로부터 독립하여 혼자 살기 시작했을 때, 대기업의 중역인 아버지로부터 큰 냉장고를 선물 받았던 일이 있었고,

또 한번은 "아버지께서는 어차피 새로운 차를 사실 거니까." 라며, 지금까지 아버님이 타고 다니시던 고급 SUV를 가져와 자신이 타고 다녔다고 합니다. 평소에는 착실하고 믿음직스러운 그였으나 "만일의 경우에는 아버지가 도와 주시니까."와 같은 자립심이 결여된 모습이 토모코씨를 주저하게 만든 것이지요.

이 책의 다음 장에서 여러분께도 설명할 '셀프 카운셀링'에 의해, 토모코씨는 '홀로서기에 강한 생활 방식을 가진 남자'가 자신이 꿈꾸는 이상적 결혼 상대의 가장 중요한 조건이라는 것을 깨달았습니다. 이후 토모코씨는 스스로와 제대로 마주하여 이상적 결혼 상대나 이상적 결혼 생활을 명확히 그려 나갔고, 얼마 지나지 않아 바로 그런 이상형을 만나 결혼에 골인하였습니다.

부모를 위함도, 초조함을 떨쳐내기 위함도 안됩니다. 오로지 자기 자신을 위해 조금 멈춰 서서 냉정하게 판단했던 토모코씨. 순간의 선택이 일생의 행복으로 이어진 좋은 예라 할 수 있겠지요.

PART
THREE

과거를 통해
진정한 나를 찾는
셀프 카운셀링

과거의 연애를 기억 속에서 다시 끄집어 내 보세요.

　이 장에서는 지나간 연애 패턴을 분석하고, 더불어 어떤 사람이 자신에게 딱 맞는 진정한 이상적 결혼 상대인지 찾아 보기로 합니다. 이것을 알아가는 과정만으로도 결혼에 훌쩍 가까워질 것입니다.

Q1. 지금까지 어떤 사람과 사귀어 왔나요? 한 사람, 한 사람 떠올려 봅시다.
　　　만약 아주 쓰라린 기억이어서 떠올리는 것조차 힘들다면 무리하지 않아도 좋습니다. 그 이외에는 가능한 객관적으로 그 때의 자신을 돌이켜 보세요.

1. _____

　 _____

　 _____

　 _____

2. _____

　 _____

　 _____

　 _____

3. _____

_____

_____

_____

4. _____

_____

_____

_____

5. _____

_____

_____

_____

Q2. 사귀었던 사람들의 공통점을 적어 봅시다. 이들 모두의 공통점은 아니더라도 한 두 명씩 엮이는 비슷한 점이면 괜찮아요. (연령, 직업, 체격, 키, 생김새, 경제력, 집안, 결혼관이나 인생관, 공통된 취미를 가졌는지, 꿈과 야망이 있었는지, 존경할 수 있었는지…등)

_____

_____

_____

_____

Q3. 사귀었던 사람들과 헤어진 원인을 적어 보십시오. 항목별로 전부 적어 보세요.

_____

_____

_____

_____

Q4. 헤어질 때 상대에게 항상 공통적으로 들었던 말이 있습니까? ("결혼 할 수 없다.", "가치관이 다르다.", "너와 있어도 편하지 않다.", "부담스럽다.", "속박 하지 말아라." 등)

_____

_____

_____

_____

Q5. 한 명의 남자와 사귄 기간은 어느 정도인가요? 다음의 각 기간에 해당하는 인원수를 적어보세요.

- 1일~1주일 미만 _____

- 1주일~1달 미만 _____

- 1달~반년 미만 _____

- 반년~1년 미만 _____

- 1년~2년 미만 _____

- 2년~3년 미만 _____

- 3년 이상 _____

연애 타입의 셀프 분석

먼저, Q1의 질문은 지금까지 사귀었던 사람들의 특징을 객관적으로 보기 위해 필요한 항목입니다. 경우에 따라서는 자신이 먼저 좋아했던 사람은 한 명도 없고, 상대에게 고백을 받아 사귀면서 좋아하게 된 사람도 있을 것입니다. 또, 반대로 본인이 먼저 좋아해서 적극적으로 고백하여 사귀게 되었다는 분도 있을 것이에요. 어떤 사람인지 뿐만이 아니라 어떤 과정을 거쳐 사귀게 되었는지를 적어 보면 공통점이 보일 겁니다.

그리고, Q2의 질문은 Q1의 질문을 기초로 사귀었던 사람들의 공통점을 찾아보는 것이에요. 10대, 20대, 30대에서 변화가 있었나요? 그 사람의 어떤 부분에 끌렸던 것일까요? 과거의 경험에 무언가 힌트가 있으면 그것도 적어 보십시오.

제 경우에는 10대 때에는 키가 크고 나를 리드해 주는 1~3살 연상의 남성이 좋았습니다. 돌이켜 보면, 저는 딸 둘 뿐인 자매로 자랐기 때문에 오빠가 있기를 바랬던 것 같습니다. 게다가 친척 오빠들이 모두 키가 컸기 때문에 '키 큰 오빠가 있으면 좋겠어!'라는 마음이 투영되어, 그와 비슷한 사람을 매력적으로 느끼게 된 것 같습니다.

23세가 되던 해에는, 다니던 곳을 그만두고 프리랜서로 일하기 시작했으므로, 일을 하고 있는 사람, 회사를 경영하고 있는 사람에 끌렸습니다. 제 자신이 되고 싶은 모습에 이미 도달한 사람을 '동경'하다가 좋아하게 된 케이스가 많았죠. 이처럼 자신이 사귀었던 사람들의 공통점을 찾아 보세요.

Q3의 질문에는 '싸운 후 이별', '상대가 바람 펴서'처럼 단답형으로 끝내지 말고, 거기서 조금 더 깊이 파 보세요. 이별의 원인을 명확히 함으로서 각자 '무슨 일이 있어도 양보 할 수 없는 조건'이 보일 것입니다.

예를 들면 이런 것입니다. "아버지가 일은 하지 않고 바람까지 피웠고 술에 취해 들어와서 어머니에게 폭력을 휘두르고, 거기다 우리 가족을 버리고 다른 여자와 딴 살림까지 차렸다. 그런 아버지가 너무 싫어! 그래서 상냥한 사람을 좋아하게 됐지. 그치만 ○○씨는 몇 달이 지나니 정말

아버지랑 똑같은 사람이 되어 버렸어. 그래서 헤어졌지. 어쩌면 마지막에는 나를 버릴 지도 모른다는 불안감 때문에 헤어진 걸지도 몰라."와 같은 방식으로 적어보세요.

실제로 지나온 가정 환경에 문제가 있었던 사람은 그것이 연애에 투영되어 있는 경우가 많습니다. 앞서 말한 것과 비슷한 경우도 있고, 다음과 같은 사례도 있습니다. 아버지 회사가 부도난 뒤 어머니가 장사를 시작해서 힘들게 빚을 갚아 나갔다는 여성이 있었습니다. 그녀가 사귀는 남자들은 모두 샐러리맨이나 공무원이었습니다. 사귀고 있는 와중에 혹시라도 남자친구가 "사업을 시작하고 싶다."는 얘기라도 꺼내면 필사적으로 말렸다고 합니다. 그녀는 애인에게 아버지를 투영시키고 있었던 자신을 깨달았습니다. 그래서 지금 사귀고 있는 그를 철저히 객관적으로 바라 보기로 했습니다. 아버지는 아버지고, 그는 그다. 그는 결코 아버지가 아니다. 그렇다면 그를 믿자는 결론에 이르러, 그가 사업을 시작하는 것도 응원할 수 있게 되었고 마침내 결혼에 골인하게 되었다는 이야기죠.

Q4의 질문은 본인에게 이별의 원인이 있을 경우에 대한 분석입니다. 예를 들어 헤어질 때 상대로부터 "결혼관이 다르다."와 같은 말을 여러

번 들어본 적이 있는 여성이라면, 자신의 결혼관을 다시 한번 되돌아 볼 계기가 필요합니다. 한 예로, "부담스럽다."는 말을 여러 차례 들은 적이 있는 요시자와씨는, 연애를 시작하면 본인의 취미 생활 같은 것은 일절 포기하고 심지어 일까지 손에서 놔버리는 자신을 깨달았습니다. 그래서 연애에 대해 조금 초연해질 수 있도록 무언가를 배우는 등 바삐 살다 보니, 남자친구와도 적당한 거리를 두게 되었다고 합니다. 여러분도 장차 자신을 개선해 나갈 과제를 찾으시길 바랍니다.

Q5의 질문부터는 사귄 기간을 통해 자신의 연애 패턴을 살펴 보는 것입니다. 반년 이내로 끝난 연애가 많은 분은, 2~3개월쯤부터 마음이 식어 감점법으로 상대를 보고 있는 것일지도 모릅니다. 한 사람, 한 사람과의 교제가 길었던 분은 막상 결혼을 결심하지 못하는 무언가의 이유가 따로 있을지도 모르지요. 자신은 어떤 경우인지 분석해 보세요.

이상 5가지의 질문과 그에 따른 분석을 통하여 느낄 수 있는 점은 무엇일까요? 자기 자신의 연애 패턴에 대하여 알게 되지 않으셨나요?

제게 연애나 결혼 상담을 하러 온 사람들은 내면에 깊이 숨어있는 자아와 스스로 마주해 보니 새로운 사실을 깨달았다는 경우가 많습니다.

그것은 '이상형'이라 정해 놨던 조건이 그렇게까지 중요하지 않다는 사실, 그리고 평소에 좋아한 사람이 이상형이 아니었다는 사실입니다.

저의 경우, 자기 분석 전까지 제 마음이 끌리는 타입은 대체로 연상의 능력 있는 경영자나 중역급의 샐러리맨이었습니다. 무엇보다 일이 우선이고 부하 직원으로부터도 추앙받을 것 같은 사람이었죠. 그러나 자기 분석을 해 보니 제 자신이 그런 사람이 되고 싶어서 동경한 나머지 좋아하게 된 것이라는 것을 알 수 있었습니다. 물론 동경에서 사랑으로 변하는 경우도 있을 테니, 저의 연애도 동경에서 사랑으로 변한 케이스라고 생각했던 것이지요. 그러나 실상은 제 스스로가 그 사람처럼 되고 싶은 즉, '나도 당신처럼 되고 싶어!', '나도 열심히 할 거야!'와 같은 마음의 발로였을 뿐, 사랑은 아니었던 것 같습니다.

그러다 보니 제 상대는 "당신은 애쓰지 않아도 돼. 내가 노력하고 있으니 단지 나를 내조해 줄 수 있는 버팀목이 되어 주었으면 좋겠어."라는 남자들 뿐이었습니다. 결혼 얘기가 나와도 "내가 벌고 있으니까 당신까지 나설 필요는 없어. 내가 먹여 살릴 테니 당신은 결혼하면 집에 있어 줘.", "밖에서 자기 관리 같은 게 하고 싶으면, 요리나 다과 같은 것도 좋고, 하고 싶은 게 있으면 뭐든지 해 봐."라고 했지요.

28살 즈음에는 그런 부류의 남자로부터 프로포즈까지 받았지요. 하지만 "지금은 결혼할 때가 아닌 거 같다."며 거절한 뒤 장거리 연애만 하던 남자친구도 있었습니다. 그는 회사 경영자여서 경제적 여건이 좋은 사람이었는데도 그의 프로포즈를 수락하기는 망설였던 것입니다. 그 때, 한 친구가 이렇게 말했습니다.

"그렇게 조건도 좋은 사람한테 프로포즈 받았으면서 뭘 망설이는 거야? 히로코는 특이하네. 불안할 게 뭐가 있어. 지금이라도 그 사람 가슴에 확 뛰어들어 버려!"

정말로 그럴지도 모릅니다. 그러나 아무리 생각해 봐도 그의 프로포즈를 받아줄 수 없었습니다. 마음에 걸렸던 것은 그가 너무 바쁘다는 점. 두 사람만의 시간을 좀처럼 낼 수 없었기 때문에, 장래에 대해서 얘기할 기회도 거의 없이 결혼만 하고 싶지는 않았거든요. 그리고 한 가지 더. 그는 제가 일이나 집안 일 등 뭔가를 하려고 할 때마다 입버릇처럼 하는 멘트가 하나 있었습니다.

"당신 혼자 정말 할 수 있겠어? 내가 해 줄 테니까 신경쓰지마."

물론 그 말에 '난 여자로서 보호받고 있어.'라며 행복을 음미해도 모자랄 판국이었을지도 모르죠. 그렇지만 저는 아니었습니다. 이것은 앞서 Q3의 질문을 풀었을 때 이유를 알 수 있었습니다.

저는 연년생 언니와 저 이렇게 둘인 자매로 자라났습니다. 어머니는 일본 전통옷 재봉사로, 집에 있던 작업실에서 매일같이 기모노를 만들고 계셨고, 아버지는 샐러리맨으로 아주 성실한 사람이었습니다.

할아버지가 아버지께서 초등학생 때 돌아가셨기 때문에 저희 아버지는 아버지에 대한 기억이 거의 없다고 하십니다. 때문에 '아버지란 어떤 존재여야 하는가'를 어림짐작으로 추측해가며 저희를 길러 주셨을 것입니다. 제가 힘들여 고생하기 전에, 당신의 모든 힘을 다해 애정을 담아 저를 길러주셨던 점에는 감사 드리고 있지만, 어린 시절에는 저 혼자 힘으로 무언가를 할 수 없게 만들어버리는 아버지께 항상 대들며 다투기도 했습니다.

어머니에 따르면, 제가 어렸을 때 입버릇처럼 하던 말이 "혼자 할 꺼야.", "내가 할 꺼야." 였다고 합니다. 그리고 제가 초등학생이 되었을 때는 무엇이든 직접 하려고 하는 제게 아버지가 항상 하셨던 말씀이 있었다고 합니다.

"니가 혼자 할 수 없을걸?"

"여자애는 그런 거 안 해도 된다."

그렇습니다! 앞서 언급한 남자친구의 프로포즈를 기쁘게 받아 들일 수 없었던 것은, 어린 시절의 아버지와 겹쳐 보였기 때문이었던 것이죠. 자기 분석을 통해 겨우 그 사실을 깨닫게 된 것입니다.

내면 아이(Inner child)란?

혹시 '내면 아이(inner child)'라는 심리학 용어를 들어 본 적 있나요? 내면 아이란, 자신의 어릴 적 기억이나 이미지, 감정이 녹아있는 가상의 아동을 말합니다. 그 아동은 떠올릴 수 있는 기억 뿐만이 아니라 잊어버린 일들, 억누르고 있었거나 봉인해 버린 감정 등을 간직하고 있지요.

예를 들면, '사랑 받지 못했다 → 인정받지 못했다 → 그래서 슬펐다, 괴로웠다'와 같은 감정입니다. 상처받은 '내면 아이'는 어린 아이에게 있어서 생명에 지장을 줄 만큼 큰 상처가 되기 때문에 어른이 되어서도 마음이나 행동에 영향을 준다고 알려져 있습니다.

비슷한 일이 일어날 때마다 같은 행동을 하거나 같은 것을 반복하고 있다면, 상처받은 '내면 아이'가 숨어 있다는 증거입니다. 그 상처가 무엇인지 먼저 깨닫는 것부터 시작해야 합니다. 그리고 그것을 인정하고 받아 들이는 것으로 자신을 치료할 수 있습니다. 이 과정에서 진정한 자신과 만나 비로소 자신의 능력을 발휘할 수 있게 되는 것이지요.

그럼, 잠재의식 속의 '내면 아이'를 수면 위로 끄집어 내봅시다.

1. 먼저 마음이 평온해지는 장소에 앉으세요. 몸을 편안하게 한 다음, 나쁜 기운을 내뱉고 좋은 기운을 들이키는 상상을 하며 호흡 해 봅시다. 불쾌한 것은 모두 자신의 몸에서 빠져 나가고 행복을 불러 들이는 상상을 하십시오.

2. 타임머신을 타고 먼 과거의 어린 시절로 돌아가 그 때의 당신을 만나러 가는 상상을 합니다. 마음이 괴롭거나 심장이 확 쪼그라드는 것처럼 답답한 순간에 멈추십시오.
   상처 받았거나 잊고 싶어도 잊을 수 없는 부끄러운 기억, 실패하거나 괴로웠던 일이 없나요? 그것은 언제, 어떤 사건이었지요? 부모님께 혼나고 있습니까? 아니면, 형제 자매나 같은 반 친구 중 누군가로부터 괴롭힘이나 왕따를 당하고 있나요? 선생님께 꾸중을 듣고 상처 받았던 장소가 떠오르나요?

3. 그 곳에 상처받은 내면 아이가 있지는 않나요? 보이지 않더라도 상상만으로도 좋습니다. 그 내면 아이에게 가까이 가 다가가 보세요.

4. 그 내면 아이에게 넌지시 말을 걸어 기분을 물어 봅시다. 만일 내면 아이가 대답해주지 않는다면, 무리 해서 대답하라고 다그칠 필요는 없습니다. 다시 만나러 갔을 때 다시 한번 도전해 보세요. "슬퍼요.", "상처 받았어.", " 괴롭단 말야.", "외로워."와 같은 대답을 듣게 되었다면, 찬찬히 들어 주세요. 울고 싶다면 함께 울어도 좋습니다.

당시 내면 아이의 모습을 구체적으로 상상해 보세요. 혹시 구석에 쪼그리고 앉아 작게 흐느끼며 울고 있거나, 혼자서 외롭게 교실 베란다에 나가 우두커니 서 있지는 않나요?

저의 경우 저희 집 작업실에서 어머니가 기모노를 짓고 있는 장면이 떠올랐습니다. 그 때 저의 내면 아이는 제 방에서 혼자 인형놀이를 하고 있더군요. 혼자 방에 틀어 박혀 있는 것이 외로워졌는지 당시 좋아했던 인형을 안고 어머니께 가서 말을 걸고 있습니다. 그러자 어머니께서는 "지금 바쁘단다."라며 상대해 주지 않았습니다. 어머니 입장에서는 바늘이나 다리미, 가위 같은 것이 있어서 위험하니까 가까이 오지 못하게 한 것이었을 테고, 일이 일단락되면 놀아주어야겠다고 생각하셨을 겁니다. 그러나 그 순간, 저는 가슴을 움츠린 채 몸을 떨면서 흐느끼고 있는 내면 아이를 발견했습니다. 저는 그 아이에게 다가가 말을 건넸습니다.

"괜찮아, 안심해. 나는 미래의 너란다. 무슨 일이니? 왜 울고 있는지 나에게 말해 주지 않으렴?"

"외롭다구."

5. 내면아이가 대답 해 준 것을 적어 봅시다.

_____

_____

_____

_____

그리고 이제부터는 자신의 내면 아이의 상처를 치유해 줍니다.

6. 그 때 하고 싶었던 것, 말 하고 싶었던 것을 적어 봅시다.

_____

_____

_____

_____

저의 경우, "그 때 엄마랑 뭘 하고 싶었어?" 였었지요.

7. 어른인 당신이 내면 아이를 보듬어 주고 안아 주세요. 저의 경우, "혼자 둬서 미안해. 외로웠지? 엄마랑 놀고 싶었구나. 그럼 지금 놀자! 얘기도 많이 많이 하자."라고 말 했지요.

---

8. 내면아이에게 변화가 있었습니까? 울음을 그쳤다거나, 미소를 되찾았습니까? 마음 이 평온해 졌다면 아이와 헤어지고 현재로 돌아 오세요.

이것으로 끝입니다. 간단해 보이지만, 사람에 따라서는 쉬운 일이 아닐지도 모릅니다. 내면아이와 만나는 것에 시간이 걸리는 분도 있겠지요. 내면 아이를 수차례 만나러 가도, 너무 괴로워서 아무 말도 들어주지 않을지도 모릅니다.

그렇다 하더라도 절대 무리해서 내면 아이를 뚫어지게 응시하거나 끈질기게 심문 하듯이 묻지는 마세요. 꽉 닫힌 마음의 문을 열기 위해서는 시간이 필요하니까요. 말하고 싶지만 망설이고 있는 것일지도 모릅니다. 그런 때에는 그저 가까이 다가가 주세요. 좀처럼 편안한 상태가 되지 않는다면 욕조에 물을 틀어놓고 들어갔을 때 다시 시도해보세요. 자연스럽게 편안한 마음으로 상상하는 것이 가능해집니다.

도저히 고통스러워서 좀처럼 마지막 단계까지 나아갈 수 없는 분은, 절대 초조해 하지 마세요. 몇 달이고 여유를 갖고 하시면 됩니다.

가끔은 저처럼 지나간 연애를 분석하는 과정에서 갑자기 내면 아이가 등장하는 분도 있을 수 있습니다. 저는 아버지로부터 "여자애는 그런 거

할 필요 없다.", "니가 할 수 없을 텐데!"라는 말을 들었을 때, "아, 분해! 여자라도 난 할 수 있다고!"라고 외치는 내면 아이와 만났습니다. 그리고 나서야 아버지에게 인정 받지 못해 상처입은 저를 치유할 수 있었지요.

여러분도 상처받은 내면아이를 치유하면서 앞으로 나아가 보세요.

셀프 카운셀링과 힐링

지금까지 지나온 연애 패턴이나 과거에 대한 분석에 치중했다면, 이제는 자신을 스스로 치유해 보도록 하지요.

좋은 추억이라고 여겨지는 지난 연애의 한 부분이라도 마음 한 구석에서는 벗어나지 못하고 있을 수 있습니다. 또는 연애 자체가 엉망이었던 경우, 큰 실연을 당해서 상처가 낫지 않은 경우가 있을 수도 있지요. 그런 경우라면 새롭고 아름다운 사랑을 하기 힘듭니다.

아름답고 멋진 연애를 하기 위해서 흔히들 '아우라를 갈고 닦아라.'라고 말합니다. '아우라'란 한 마디로 한 사람이 발산하고 있는 빛입니다. 2009년 도쿄 대학과 동북공업대학 공동연구팀에 의해, 단일 광자까지

잡아내는 초고감도 카메라로 실제 인간이 뿜어내고 있는 아주 미세한 빛(아우라)을 촬영하는 실험이 성공했습니다. 연구에 따르면 촬영된 빛은 '바이오 광자'라고 불리며, 눈으로 감지 할 수 있는 레벨의 1/1000 정도로 극히 미약한 것이라고 합니다.

상처가 아물지 않은 과거에서 벗어나지 못한 채 어두운 에너지(약한 아우라)를 내뿜고 있으면, 마찬가지로 어두운 에너지를 가진 사람의 파동과 만나 서로 공명해 버리고 맙니다.

새로운 사랑을 시작하는 것만으로 상처가 치유되는 일도 있다고 하지만, 언제든 자신의 이상형을 향해 전력으로 전진할 수 있도록 준비해 둬야겠지요. 지금을 기점으로 과거의 족쇄를 벗어버립시다.

그럼, 밝은 이야기로 돌아올까요? 당신의 이상형을 적어봅시다. 몇 가지라도 좋습니다. 아래 항목별로 여백이 있으니 적어보세요. 다른 종이에 적은 뒤 아래의 줄이 쳐진 공간에 옮겨 적어도 좋습니다. 비슷한 단어가 나와도 신경 쓰지 말고 그냥 적으세요. 어쨌든 생각 나는 대로 적는 것이 중요합니다.

1. 당신의 이상형은?

_____

_____

_____

_____

  다음으로, 꿈꾸고 있는 이상적 가정상을 써 봅시다. 이 질문 역시 전의 질문과 마찬가지로 항목별로 적어 보세요. 비슷한 단어가 나와도 신경 쓰지 말고 생각나는대로 적으세요.

2. 당신의 이상적 가정상은?

_____

_____

_____

_____

자, 이제 주위 사람들의 피드백을 떠올려 봅시다. 즉, 실연 당하거나 연애문제로 인해 고민하고 있었을 때, 혹은 미팅, 소개팅을 하게 되었을 때, 주변 사람들로부터 들었던 말을 떠올려 보세요. 이 질문 역시 비슷한 단어가 나오더라도 신경 쓰지 말고 항목별로, 생각나는 대로 적으세요.

만약 누군가에게 어떤 말을 들었는지 기억이 나지 않는다면, 각자 인생의 '연애 연대표'를 만들어 보는 것은 어떨까요? 이 시기부터 이 시기까지는 ○○씨와 사귐. 이 시기에 헤어져서, 이 시기에 □□씨와 사귐…… 이런 식으로 연대표를 만들어 보면 어떤 시기에 무슨 일들이 있었고, 그 때 주위 사람들이 어떤 피드백을 주었는지를 보다 쉽게 기억해낼 수 있을 것입니다.

사 랑 은
서 툴 고
결 혼 은
먼
그대에게

저의 경우는 다음과 같습니다.

저에게 있어 영원히 제 편이 되어준 사람은 친구들이라기보다 어머니였습니다. 실연하면 고향에 내려가 어머니의 품에 안겨 울곤 했지요. 한번은, 남자친구와 싸우고 헤어졌을 때 어머니께서 저에게 이런 말씀을 해주셨습니다.

"너는 기가 센 구석이 있어서, 심한 말을 해놓고서는 후회 할 때가 많지? 초등학생 때 니가타현에 계신 친할머니께 호된 꾸중을 듣고는 심한 말로 말대꾸하고 나서 후회했던 적이 있잖니? 입 밖으로 말을 내뱉기 전에 조금만 생각해 보렴. 엄마가 맘에 걸리는 건 그것뿐이야. 그것만 고치면 좋은 사람이 다시 나타날 테니, 그 때까지 밝게 지내는 거다. 알겠니?"

평소 걱정이 많은 아버지께서도 정곡을 찌르는 말씀을 해주셨습니다. 어머니가 했던 말씀과 비슷한 것이었지요.

"잘 들어라. 너는 행동보다 입이 먼저 나가니까 자칫 남자들이 너를 건방지다고 생각하지 않도록 조심해야 해. 처음 회사 들어갔을 때에도 니 업무랑 상관없이 사장님한테 '회사를 이렇게 바꾸면 어떻겠습니까?'하고 의견을 냈다가 건방지단 말을 들었잖니? 그 때부터 동료들한테 왕따를 당했지? 말은 '화'의 원흉이니, 제발 부탁이니까 애인한테 주제 넘은 말 좀 하지 말아라. 남자는 프라이드에 죽고 사는 존재인 거야. 남자 체면을 살려 줘야지."

부모님으로부터 받은 조언을 듣고 반성해 보았습니다. 그러면서 다른 사람의 체면을 살려주는 방법을 너무 몰랐던 것, 고집이 센 것, 건방진 것 등이 제 연애가 잘 풀리지 않는 원인이었다는 사실을 깨달았습니다.

한편, 헤어진 장면에 관해서 나쁜 기억 뿐만이 아니라 좋은 기억도 떠올려 봅시다. 예를 들어 전 남자친구와 헤어진 후에도 좋은 친구로 남았다든가, 혹은 싸우고 헤어진 것이 아니라 서로 납득한 후 헤어졌다든가, 헤어진 후에 '역시 넌 좋은 여자였다.'라는 말을 들었다든가 하는 등 이별 후 특별히 골치 아프거나 문제가 되는 일이 없었다는 사실 같은 것을 써 봅시다. 이 밖에도, 전 남자친구들로부터 공통적으로 "넌 상냥한 사람이야.", "너랑 얘기하고 있으니 무의식 중에 널 도와주고 싶어져." 등의 말을 들었다는 사실 따위도 좋습니다.

나아가서, 연애하고 있을 때 곁에서 지켜보던 동성 친구로부터 칭찬을 들었던 기억도 떠올려 아래에 적어 보세요. 이처럼 주위 사람들로부터의 피드백을 돌이켜 보면, 이후 자신이 개선해 나가야 할 과제와 현재의 모습을 유지해 나갈 부분이 보일 것입니다.

정말로 원하는 조건 3가지

셀프 카운셀링 통해서 반드시 진정한 자신의 모습과 색깔을 찾아야 합니다. '현재의 당신'과 '결혼한 당신'을 상상했을 때 그 차이를 좁혀 가는 방향으로 나아가면, 꿈꾸는 이상적 결혼 생활로 한걸음 다가설 수 있을 것입니다. 이제 셀프 카운셀링 과정이 얼마 남지 않았으니 조금만 더 기운을 내 보세요.

저도 이 카운셀링으로 제 안에 있는 다양한 모습을 발견할 수 있었습니다. 먼저 무엇보다 놀랐던 점은 '이상적 남성상'에 대한 것입니다. 주변 사람로부터 "이치카와씨, 눈이 높은 거 아니에요?" 라는 말을 들어도 전혀 납득하지 못했었습니다. 그런데 막상 적어 봤더니 '놀랠 노(怒)'자더군요! 이상형에 대한 조건이 나오고 또 나오고… 20대였을 때이건 30대였을 때이건 자꾸자꾸 나옵니다! 이러면 당연히 아무도 만날 수 없다는 사실을 깨닫게 되었지요.

적어 놓은 것을 바라보고 있자니 제 자신에게 질렸지만, 한 가지 분명한 사실을 깨달을 수 있었어요. 그것은 비슷한 것이 반복해서 적혀 있다는 것이었습니다. 계속 반복해서 나온 조건은 저에게 있어서 아주 중요한 것이라고 보아야 할 것입니다. 그래서 몇 십 가지의 체크 리스트에서 비슷한 말을 고르고 필요 없는 것은 삭제하여, 절대로 양보할 수 없는 '딱 3가지'로 줄여 보았습니다. 예를 들면, '산뜻한 사람', '청량감 있는 사람', '스포츠 맨'을 '건강한 사람'으로 합치는 것처럼 말입니다.

제 경우는 여러 조건들 중 순위가 높은 것 순으로 다음과 같이 정리되었습니다.

1. 마음이 맞는 사람(취미나 음식 취향이 맞는 사람, 함께 있으면 편안 해지는 사람, 꾸미지 않고 있을 수 있는 사람)

2. 애정이 깊은 사람(부모님을 소중히 하는 사람, 가족과 사이가 좋은 사람, 가족뿐만이 아니라 동료나 친구를 소중히 하는 사람, 동식물에게 애정을 가지고 대하는 사람, 배려심 있는 사람)

3. 나를 이해해 주는 사람(인생에 있어 일을 통해서 다른 사람에게 도움을 주고 싶다고 생각하는 나의 인생관을 이해해 주는 사람, 주말이나 휴일에도 늦은 밤까지 일을 하는 경우도 이해하고 협력해 주는 사람)

이처럼 앞에서 적어 놓은 이상적 남성상을 3가지로 정리해 보세요.

도저히 3가지로는 줄이기는 힘들다는 분이 분명히 있을 것입니다. 그럴 때에는 먼저 본인이 눈이 높고 욕심이 많다는 것을 받아 들이세요. 그리고 나서 다시 수없이 많이 늘어놓은 이상형의 조건들을 꼼꼼히 살펴보고, 비슷한 요소는 없는지 체크해 나갑니다.

또, '가까스로 참을 만한 것들'은 과감하게 삭제합니다. 대체로 연봉이나 사회적 지위 등 살면서 변화하는 것은 삭제해도 무방한 것들이 많습니다. 차분히 자신과 마주해 가며 하나씩 지울지 말지 결정해 보세요.

이렇게 함으로써, 이상적 남성상이 명확해 짐과 동시에 여러 조건들이 통폐합되어 하나의 조건이 넓은 의미를 가지게 됩니다. 그것은 곧 상대를 너무 한정시키지 않는 것으로 이어지게 되지요.

마찬가지로, 이상적 가정상을 3가지로 정리해 보아도 좋겠지요.

처음에 여러 조건들에 대해 뒤죽박죽 쓰고 지우고 했던 메모는 버리세요. 가능하면 불태워 버리는 것도 좋겠지만, 그렇게까지 할 필요는 없습니다. 중요한 것은 눈이 높고 욕심 많은 과거의 당신과 작별을 고해야 한다는 것입니다.

조건을 3가지로 줄이는 것은 아주 의미로운 일입니다. 그리고 차후에 설명할 제6장 '성공을 향한 날마다의 셀프 트레이닝'을 통해, 이 3가지의 조건을 마음 속 깊이 각인해 나갈 것입니다. 3가지 조건을 완전히 자기 것으로 숙지함으로써, 각 조건을 명확하게 인지한 마음과 신체가 그 조건을 충족시키는 상대가 있는 쪽으로 움직이게 되는 것이지요.

여기까지 셀프 카운셀링을 계속 해오면서 자기 자신에 대해 새로운 발견이 있었으리라 믿습니다. 또, 이상적 남성상도 보이기 시작했을 것이라 생각합니다. 그렇다면 다음 장부터는 결혼의 성공을 부르기 위해서 다듬어야 할 행실이나 해야 할 행동에 대한 셀프컨트롤로 들어가 봅시다.

PART
FOUR

새로운 나로
거듭나게하는
10가지 셀프컨트롤

칭찬조차
의심하지는 마세요

: 제가 미용 업계에 처음 몸 담았을 무렵 너무 영업성과가
나오지 않아 자신감을 잃었던 때가 있었습니다. 까마득히 위인 어느 선
배님이 의기소침한 저를 보고 뭔가 눈치를 채셨는지 다정하게 말씀을 건
네주셨죠. "이치카와씨는 정장을 항상 멋지게 소화해 내는군요. 역시 패
션 업계에서 일했던 분다워요." 저는 쑥스러운 마음에 몸 둘 바를 몰라,
"아뇨. 설마요. 전혀."라며 소심하게 뒷걸음질치며 자리를 피했습니다.
그러자 그 분의 미간이 확 찌푸려지며 갑자기 무서운 얼굴로 제게 이렇
게 말씀하시는 것입니다.

"이치카와씨! 지금 스스로가 너무 싫고 자신도 없지요? 영업 성과도
잘 나아지지 않고요. 그런데 자신감 없는 사람이 영업을 하면 그 고객은

어떤 기분일지 생각해 본 적 있어요? '자신은 없습니다만, 이 상품을 구입해 주지 않으시겠어요?' 이렇게 말씀 하실 건가요? 아니잖아요. 자기 자신, 자신의 일, 자신이 다루고 있는 상품, 자신이 행동했던 것, 그 모든 걸 믿어야죠. 그렇지 않고서 성과가 오를 리 있겠어요?"

'정말 그러네……'하고 그 말씀을 마음속 깊이 아로새겼습니다.

여성은 전통적으로 겸손하고 고고한 것을 미덕이라 여겨 왔기 때문에, 칭찬을 받으면 "그렇죠."하고 받아들이는 것은 뭔가 어색하다는 사람이 많습니다. 그러나 칭찬해 준 상대방의 입장에서는 "아니요. 그렇지 않아요."하고 부정해 버리면 '모처럼 진심으로 칭찬 했는데…'하는 마음이 들어서 유감스러울 것입니다.

그렇다면, 칭찬을 받으면 어떻게 반응하는 것이 좋을까요? 칭찬을 듣는 것은 그 안에 담긴 선물을 받는 것이라 생각하세요.

선물을 건네주려는 사람은 받은 사람이 기뻐하는 얼굴을 보고 싶어서 설레어 있을 것입니다. 그런데 "아니요, 신경 쓰지 마세요. 필요 없으니까요."라며 거부해 버린다면 대단히 실망할 수밖에 없겠죠. 이것은 마치 "감사합니다."라고 일단 받아들였지만 "오지랖 넓게 쓸데 없는 부분까지 신경 쓰시니 제가 오히려 부담스럽네요."라고 말하는 것과 같습니다.

칭찬받은 내용에 대해서 "정말 그렇죠?"라는 의미로 "고맙습니다."라고 말하는 것이 아니라, 칭찬해 준 상대방의 감정에 대해 "고맙습니다."라고 말하는 것이라 생각하면, 감사의 마음을 말로 표현하는 것이 어색하지 않을 수 있을 것입니다. 만약 정말로 몸 둘 바를 모를 만큼 과분한 칭찬을 받았다면 이런 식으로 대답해 보는 건 어떨까요?

"칭찬해 주셔서 감사합니다. ○○씨 같은 분께 칭찬을 들으니 정말 영광이네요."

"감사합니다. 과분한 칭찬을 해주시니 격려의 말씀으로 듣고 더 열심히 하겠습니다."

이런 식으로 표현한다면 상대방도 "솔직하면서도 귀여운 사람이네!"라고 생각해 줄 것입니다.

또, 솔직하게 칭찬을 받아들일 수 있는 사람이라면 거기서 한 마디 더 덧붙여 봅시다. 예를 들면 이런 식으로 말이죠.

"칭찬 해 주셔서 감사합니다. 오늘은 하루 종일 행복할 것 같아요"

"○○씨 같은 ○○분야의 대가님께 칭찬을 받다니 가문의 영광입니다!"

이런 식으로 칭찬을 받아 들이면, 상대방도 '다음에 또 칭찬 해 줘야지!'하고 생각할 테지요. 칭찬을 멋진 선물로 받아 들일 수 있게 되면, 좋은 의미로의 '자기암시'가 걸립니다. 예를 들면 '나는 미소가 멋진 여자구나!', '나는 배려심 있는 좋은 여자구나!'하는 식으로요. 타인으로부터의 칭찬을 마음 깊이 확실하게 받아 들여서, 그 칭찬에 가까운 매력적인 여성이 되자고요.

내가 남자라면
과연 나를 선택할까요?

사 랑 은
서 툴 고
결 혼 은
먼
그대에게

: '감점법'으로 남성을 판단해 버리는 것의 위험성에 대해서 다뤘을 때 언급했던 것처럼, '내가 저 사람이라면?'이라고 역지사지로 생각해 보는 것은 정말로 중요합니다.

'이 사람은 연봉이 낮으니 날 행복하게 해 줄 수 없어.', '이 사람은 여가 생활이나 취미도 촌스럽고 레스토랑 하나도 제대로 못 고르니, 나랑은 안 어울려.', '이 사람하고는 취미가 달라서 나랑은 안 맞아.' 등의 관점으로 상대를 판단하고 있는 내 모습이 발견된다면, 그 판단 대상을 자신으로 바꿔 봅시다. '그런 말을 하고 있는 나는 여자로서 상대 남성에서 어떻게 보일까?'라고 자신에게 물어 봅시다. '좀 싫은데 이 여자….'라고 생각되지는 않나요?

여성이 결혼 상대를 고를 때, 남성의 연봉이나 학벌, 직업 등이 큰 비중을 차지한다는 말씀을 여러 번 드렸습니다. 만약 그 잣대가 자신을 향하고 있다면 어떨까요?

당신이 무슨 일이 있어도 호화스러운 결혼을 고집하는 여성이라고 가정해 봅시다. 만약, 의사와 결혼한다고 치면 의사는 어떤 사람들일지 상상해 보는 것입니다. 일이 바쁘고 시간은 불규칙적입니다. 의사라면 야간 근무도 있을 것이고, 더욱이 외과 의사라면 긴급 수술이 잡힐 경우 갑자기 휴일이 없어지는 경우도 있겠지요. 또한 학회나 세미나에 연구 결과를 발표 하기 위해 자료 만들기나 프레젠테이션 연습 때문에 바쁘기도 하겠지요. 해외 연수를 하러 가는 사람이 있을지도 모릅니다. 그렇게 눈코 뜰새 없이 바쁜 스케줄을 소화해 내는 사람들이라면 결혼 생활이나 결혼 상대에게는 무엇을 바랄까요? 아마도 그들이 가장 바라는 것은 '편안함' 아닐까요?

그런 사람들에게 "어째서 나와의 시간을 중요시하지 않는 거야?", "왜 휴일인데도 일만 하는 거야?"와 같은 말을 하거나, 데이트가 갑자기 취소되면 상대를 몰아 세우면서 "일이랑 나, 어느 쪽이 더 중요해?"와 같은 유치한 말을 하고 있다면, '편안함'은 눈곱 만큼도 없겠지요.

또한 수입이 많은 남자일수록 '가정을 믿고 맡길 수 있는, 한마디로 내조를 잘 해 줄 수 있는 여성'을 원하는 경우가 많다고 합니다. 자신이 그런 남자를 꿈꾸는 여성이라면, 현재 다니는 직장을 깨끗이 포기하고 전업 주부가 될 결단을 내릴 수 있겠습니까? 또 만약 일을 계속 하겠다면, 가사 일도 철저히 소화해 낼 수 있겠어요?

물론 경우에 따라서는 가정부를 고용해서 가사 일을 잘 해내는 것도 괜찮습니다. 아무튼 그런 점까지도 스스로에게 물어보지 않으면 안됩니다. 게다가 힘든 일을 하는 남자일수록 직접 만든 음식을 좋아할 수도 있으니, 요리 실력을 높여 둘 필요도 있겠지요.

다른 예를 들면, 몇 대 째 가업을 잇고 있는 남성이라면 그 일을 함께 해 줬으면 좋겠다고 희망할 수도 있을 것입니다. 그러니 농가라면 농업을, 회사 영업이라면 영업 일을 배워야 할지도 모릅니다.

이런 생각에까지 다다랐을 때, 당신은 자신의 이상적 상대로부터 '결혼 상대'로 고려될 수 있을까요? 나아가 단지 고려 대상인 여성에 그치지 않고 프로포즈할 만한 여성일까요?

한마디로, 나 자신은 과연 '상대에게 어울리는 여성'인지 되물어 봅시다. 만약 좀 찔리는 부분이 있다면 지금이라도 늦지 않았습니다. 바라는 결혼 상대가 희망할 것을 해줄 수 있는 사람이 되기 위해서 하루 빨리 준비에 돌입하세요.

남자쪽도 상대방에게 '3가지 절대 조건'을 부과하고 있으니, 상대도 당연히 조건이 없지는 않을 테지요. 그 조건을 완전히 충족시킬 수 있는 '자기 계발'을 해 갑시다.

여자뿐인 푸념회는
이제 가지 마세요

: 최근 여자들만 참여하는 다양한 형태의 사교 모임이 기획 되고 있습니다. 저도 강사로서 나와 달라고 제의를 받을 때가 있습니다. 외모나 내면 가꾸기, 유익한 정보 공유하기가 목적인 모임이라면 다행이 지만, 여자들끼리 함께 모여 단순히 푸념을 늘어놓거나 서로 상처 위로 하기와 같은 것이 목적인 모임이라면 다시 생각해보세요.

물론 저도 다양한 사람과 교류하고 시야를 넓히는 것은 정말 좋아합 니다. 최근에는 이름에 '히로'가 들어있는 사람만 참가할 수 있는 'HIRO' s'라는 모임을 갖고 있습니다. 그 모임이 계기가 되어 '히어로'나 '히로인' (영웅) 탄생을 목적으로 한 정보 교환도 하고 있답니다.

모처럼 모임이라는 자리에 나갔다면, 긍정적인 이야기만 하고 싶지 않 으세요? 물론 때로 푸념이 하고 싶어질 때도 있을 테지만, 누구에게든 푸념을 늘어 놓고 있으면 그것이 언젠가는 자신에게 되돌아 옵니다. 하늘을 향해 침을 뱉으면 자신에게 되돌아 오는 것과 마찬가지죠. 어떤 심리치료사에 따르면, 이런 효과를 '카르마의 법칙'이라고 부른다고 합니다. '카르마' 라는 것은 고대 인도어인 산스크립트어로 '업보'를 의미합니다. '콩 심은 데 콩 나고 팥 심은 데 팥 난다', '좋든 싫든 자신이 한 만큼만 자신에게 되돌아온다'는 법칙이지요.

매번 카운셀링을 받으러 올 때마다 남자친구가 바뀌는 여성이 있었습니다. 그녀에게 연애 근황을 물으니, 그 즉시 푸념을 늘어 놓습니다.

남성에게 차였을 때는 이렇게 말하더군요. "저 역시 잘 되리라 별 기대도 안 했었어요. 저에게 씻을 수 없는 잘못을 한 것도 많고요. 게다가 어차피 가치관이 달라서 애초에 잘 되기는 무리였어요."라고 말했습니다.

또, 데이트할 때 평범한 레스토랑을 고른 남성이나 메뉴, 술 고르는 것이 세련되지 않은 남성에 대해서는 "일할 때에는 능력 있는 사람이라 좋다고 생각했는데, 정장을 벗고 캐쥬얼을 입으니 옷 입는 센스도 없고 데이트 감각도 없는 남자였더라구요. 제가 매번 코디해 줘야 하고, 레스토랑 고르고, 메뉴 고르는 거에서 술 종류나 요리와의 어울림까지 이것저것 다 가르쳐 줬는데…… 다른 여자랑 바람 나서 그 여자랑 자버린 거에요! 내가 얼마나 시간을 들여 기껏 멋진 남자로 만들어 줬는데 어쩜 그럴 수가 있냐고요!" 라며 화내며 끝내는 식이죠. 상대에게 무언가를 베풀 때 언젠가 갚으라는 식의 마음가짐은 바람직하지 못합니다.

이 여성은 다른 사람이 아닌 저에게 그런 마음을 털어 놓았으니 그나마 다행입니다. 저의 조언을 듣고 '나에게도 원인이 있었던 건 아닐까?' 라고 자각하게 되어, 지금은 멋진 연애를 하게 되었다고 하더라고요. 그러나 만약 그런 마음을 수없이 많은 수다쟁이 여성들에게 했었다면 보통 문제가 아닙니다. 당장 동정 받을 수 있을지 모르지만, 서로 상처를 위로해 준다는 미명 아래 남자들에 대한 뒷담화를 퍼붓는 모임이 되어 버렸겠지요.

그리고 듣는 사람에 따라서는 그녀를 '자신의 가치관이나 기준치에 미달하는 남자는 바로 버려버리는 사람', '차인 원인을 알려고 하거나 반성하지 않고 모든 것을 상대의 탓으로 돌리는 사람'이라고 매도해 버릴 수도 있습니다.

제가 만약 그녀의 친구인데 그녀의 이런 발언을 들었다면, 본인이 자신의 문제점을 자각할 때까지 그녀와 거리를 둘 것입니다. 게다가 남자친구를 함부로 깎아 내리는 그녀가 어디선가 친구인 저를 포함한 주위 동성친구들에 대한 뒷담화를 나누고 있을지도 모르니 경계하겠지요.

한편, 주변에 멋진 여성을 소개받고 싶어하는 남성이 있다면, 그에게는 절대로 그녀를 소개하지 않을 것입니다. 다시 말해, '카르마의 법칙'대로 푸념만 늘어놓고 있는 여성은 결코 멋진 사람을 소개받지 못해 좋은 사람과 결혼하지 못할 가능성도 높아집니다.

과거의 남성을 원망하거나 미워하고 있으면 그 나쁜 에너지는 자신에게 되돌아 옵니다. '이 세상에서 단 한 사람이라도 원망하고 있는 사람이 있을 때는 행복해 질 수 없다'라는 말을 꼭 기억해 두세요. 그리고 '긍정의 카르마'를 쌓아 올립시다.

사람과 만나려면 긍정적인 마인드를 가지고 사세요! 그것이 결혼을 준비하는 여성이 갖추어야 할 셀프컨트롤 중 하나입니다.

친구의 결혼과
비교하지 마세요

사 랑 은
서 둘 고
결 혼 은
먼
그대에게

: 다른 사람의 행복을 진심으로 기뻐해 줄 수 있나요? "햇수를 더할수록, 타인의 행복을 진심으로 기뻐해 줄 수 없게 되어…"라고 말하는 여성이 있었습니다. 왜 기뻐할 수 없는 걸까요?

지금 자기 자신의 행복지수와 비교하기 때문입니다.

제가 좋아하는 '후쿠자와 유키치*'의 일곱 가지 교훈' 중 4번째에 이런 말이 있습니다

"세상에서 제일 보기 흉한 것은 남을 부러워하는 것입니다"

타인의 생활이나 행복을 '부럽다'고 느낀 뒤에 어떤 생각을 했는지 되돌아 보세요. 그 부러움 끝에 이어진 마음 상태로 '흉한 것'인지 여부가 결정됩니다. 즉, '좋겠다', '부럽다'라는 동경을 품는 것은 있을 수 있는 일

***후쿠자와 유키치** 실학과 부국강병을 강조하여 일본 자본주의 발달의 사상적 근거를 마련한 계몽사상가(1835.1.10~1901.2.3)

입니다. 그러나 그 뒤의 감정이 '이렇게 좋은 생활을 하고 있다니, 돈 보고 결혼한 거겠지.', '어차피 그 커플은 이혼할 거야.'같은 비뚤어짐, 시샘, 질투로 가득 찼다면 후쿠자와 유키치가 말하는 '보기 흉한' 것이 되어 버립니다.

반대로, '좋겠다', '부럽다'는 동경을 품은 뒤, '나도 저런 생활을 할 수 있도록 노력 해야지!', '어떻게 저런 행복을 손에 넣었는지, 어떤 노력을 했는지 본인한테 물어봐야겠어.'와 같은 마음으로 이어진다면, 결코 보기 흉하지 않습니다.

심리학 용어 중 '모델링'이라는 말이 있습니다. '이런 생활을 하고 싶다.', '이 사람처럼 되고 싶다.'처럼 동경하는 생활이나 사람을 롤모델로 삼아보는 것이지요. 흡사 자신이 그것을 손에 넣은 것처럼 또는 흡사 자신이 그 사람이 된 것처럼 살아 가면, 정말 그렇게 이루어진다는 마인드컨트롤 방법입니다. 진심으로 그 사람이 부럽다고 생각했다면, 그것을 좋은 방향으로 이용합시다.

타인의 행복을 기뻐해 줄 수 없는 사람은 타인도 그 사람의 행복을 기뻐해 주지 않습니다. 타인의 행복을 마음 속 깊이 기뻐해 주는 사람이 되면 그것이 돌고 돌아 언젠가는 그 사람에게도 행복이 온다는 마인드를 가져보세요.

행복한 결혼을 하는 사람을 보고 도저히 쉽사리 박수가 쳐지지 않는 사람은 그들이 얼마나 많은 우여곡절을 극복하고 결혼에 골인하게 되었는지 생각해 보는 것도 좋겠지요.

어느 날 갑자기 제 친구의 남자친구가 사업 실패로 빚을 떠안게 되어 방구석에 틀어 박혀 앉아 있는 신세가 되어 버렸습니다. 그런 상황에서도 제 친구의 그에 대한 애정은 변함이 없었기 때문에, 밤낮을 가리지 않고 그 대신 일을 하여 빚을 갚아나가고 있었습니다. 저도 제 전 남자친구에게 돈을 빌려주고 못 받은 뼈아픈 기억이 있었기 때문에, 그런 관계는 좋지 않다고 몇 번이고 조언을 했지요. 하지만 그녀는 들은 척도 하지 않았어요.

그녀의 헌신적인 뒷받침 덕분에 그는 재기에 성공했고, 마침내 두 사람은 결혼했습니다. 현재는 함께 회사를 세워 천생연분의 부부로 살아가고 있지요. 그제서야 저는 너무 안이한 조언을 했었던 것을 반성했어요. 두 사람의 행복한 결혼식 때는 그들의 힘겨웠던 지난 날을 떠올리며 저역시 눈물이 흐르더군요. 저와 그녀는 둘 다 남자친구의 빚을 대신 갚게 된 셈인데, 왜 그 결과는 이렇게 달랐던 것인지 제 자신을 반성하는 계기가 되기도 하였습니다.

이처럼 친구의 행복한 결혼을 통해서 배울 수 있는 점도 많습니다. 그들이 사귀게 된 계기나 지금까지 그들이 겪은 고생 이야기 등을 참고할 수도 있고, 신랑 신부의 행복한 '아우라'도 받을 수도 있습니다. 행복한 결혼에 골인한 그들의 이야기 속에 당신이 행복해 질 수 있는 힌트가 가득 담겨 있다는 사실을 잊지 마세요.

행복한 사람을 보거든, 바로 눈 앞에서 그들이 행복의 기운을 나누어 주고 있는 것이니 그 좋은 에너지와 아우라를 받으세요. 그리고 '내가 저 결혼식장에 서 있다면 어떤 기분이 들까?', '하객들에게 인사를 할 때는 무슨 말 해야 하지?'와 같은 것을 상상하면서, 친구의 생애 최고의 날을 축복해 주도록 합시다!

잠재의식을 바꿔보세요

사 랑 은
서 툴 고
결 혼 은
먼
그대에게

: 제가 과거 한 때 과중한 업무와 복잡한 인간관계로 극심한 스트레스에 시달렸던 적이 있었습니다. 그 때 과도한 다이어트로 거식증에 걸려 체중은 겨우 36kg였었죠. 당시 남자친구의 이상형이 마른 여자인 것이 그나마 다행이었습니다. 하지만 마른 것도 정도가 지나치자, 남자친구 역시 충격을 받더군요. 자율신경 실조증이란 병도 앓게 되어 치료를 받아야 했어요. 체중이 돌아 와서 다행인가 싶더니 이번에는 갑자기 과식증! 2주전까지 36kg이었던 체중이 어느새 53kg이 되어 있었습니다. 직장 동료들마저 절 꺼려 했고, 남자친구에게도 실연당했죠. 뭘 해도 되는 일이 없는 악순환의 연속이었습니다.

그러던 어느 날, '당신의 소중한 꿈을 이루는 보물지도'라는 책의 저자로 유명한 모치즈키 도시타카씨를 만나게 되었어요. 이 책이 말하는 '보물지도'란, 자신의 소망과 관련된 이미지나 사진을 모아서 코르크보드에 붙여 놓은 미래설계도입니다. 보물지도를 가까운 곳에 두고 자주 보며 되새기면 꿈을 이룰 수 있다고 하지요. 그 때를 기점으로 제 인생은 악순환의 고리를 끊게 되었습니다. 잡지에서 내가 꿈꾸는 미래상을 찾아 빈 도화지에 붙인 뒤, 'ㅇ년 ㅇ월 ㅇ일(미래 시점의 어느 날), 체중 ㅇkg! 좋았어!'라는 식으로 적어놓음으로써, 내가 꿈꾸는 스타일, 가고 싶은 장소, 목표로 하는 라이프 스타일을 상상해 보는 것이 효과를 본 것입니다.

지금도 연말연시가 되면 그것을 만들면서 신년에 원하는 것들을 상상해 보곤 합니다. 30대 후반이 되면서, 항상 해왔던 것처럼 결혼하고 싶은 남자친구의 이름과 제 이름(예를 들면 '야마다 타로'씨와 결혼 하고 싶은 '이치카와 히로코'라면) '야마다 히로코*' 을 적어 보며, 그와 결혼하는 모습을 상상하기도 했지요.

그런데 사실 이런 행위는 위험한 일입니다. 다시 말해, 내가 꿈꾸는 일반적인 남성상을 그려보는 것이 좋은 것이지, 자신이 바라는 타입이기는

* **야마다 히로코** 일본은 결혼하면 남편의 성을 따릅니다.

하나 연예인이나 기혼자처럼 이루어질 수 없는 특정한 한 명의 남자를 떠올려서 상상하는 것은 바람직하지 않아요.

자신의 이상형이더라도 어차피 이루어질 수 없는 남자를 특정해서 상상하다 보면, 내면의 잠재의식은 이미 그 사람이 운명의 상대가 아닌 것을 알고 있기 때문에, 절대로 그와 이루어질 수 없습니다. 앞서 포기할 수 없는 '3가지 조건'을 쓸 때도 특정한 남자의 이름을 쓰지 않는 것이 바람직하므로 주의하세요.

여기서 '잠재의식'에 대해서 잠깐 이야기해 보겠습니다. 인간의 의식에는 '표면의식'과 '잠재의식'이 있다는 것을 발견한 사람은 오스트리아의 유명한 심리학자 프로이트입니다.

표면의식은 흔히 바닷물 위에 나와 있는 '빙산의 일각'에 빗대어지곤 하지요. 결단, 판단, 선택 등을 하는 마음의 영역으로서, 고민, 불안, 희망을 담고 있기도 합니다. 한편 잠재의식은 바닷물 아래에 숨겨져 있는 빙산의 대부분으로서, 마음의 약 90%를 차지한다고 합니다. 과거에 본 것, 읽었던 것, 들었던 것, 인상 깊은 것, 생각했던 것 등이 저장되어 있습니다.

잠재의식은 창조적 통찰력과 직관력의 무한한 보고로서, 24시간 쉬지 않고 활동하고 있습니다. 잠재의식에는 판단하거나 선택하는 능력은 없어서, 농담이나 거짓으로 그 잠재의식을 왜곡할 수 없습니다. 마음 속 깊이 자리잡은 잠재의식은 외부로 표출되는 것이 아니라, 뿌리 깊은 곳에 자리잡은 자신의 '본심'입니다. 따라서 잠재의식이 '행복해질 수 없다'고 생각하면 정말로 불행해져 버리는 것입니다.

겉으로는 '나는 야마다 타로씨의 아내, 야마다 히로코가 될 거야!'라고 적고 상상한다고 하더라도, 실제 저 마음 속 깊이 자리잡은 잠재의식이 그것을 비현실적이라고 생각하고 있는 이상 아무 소용이 없습니다. 그렇게 되면 손으로 적거나 겉으로 외치는 것과 달리, 실제로는 '나는 야마다 타로씨의 아내, 야마다 히로코는 될 수 없어!'라고 매일 상상하며 소리치고 있는 결과가 되어 버리는 셈이죠.

이런 이치를 이 책의 제6장에서 전하는 '성공을 향한 날마다의 셀프 트레이닝'으로 실제 체험하게 될 것입니다. 매일매일 미래의 내 모습을 상상해 봤을 때, "이건 뭔가 아닌 것 같아.", "이렇게 말은 해도 정말로 이루어 지는 걸까?"라는 의심이 계속 되면, 그것은 잠재의식에서 나오는 소리입니다. 매일매일 하는 트레이닝에서는 '잠재의식의 소리를 듣는 것'이 매우 중요합니다. 제6장에서 구체적으로 다시 설명하겠지만, 잠재의식 즉, 직관이나 마음의 소리에 귀 기울여 보세요..

'잠재의식의 법칙'을 제창했던 죠셉 머피 박사는 다음과 같은 말을 했습니다.

"지금까지 연애와는 거리가 멀었던 사람조차 잠재의식을 바꾸는 것만으로 운명적인 만남을 가질 수 있다."

초조해 말고
눈 앞의 상대에 집중하세요

: 시노다씨는 항상 주위에 남자가 끊이지 않는 인기녀였습니다. 같은 여자인 제가 봐도 인기가 많을 것 같은 타입입니다. 그래서 그런지 항상 '더 멋진 남자는 없을까?'하는 생각 속에서, 새로운 남성을 찾아 헤매고 다녔지요.

명석하고 능력 있으며 다른 사람의 존경을 받을 만한 성품의 남자가 시노다씨의 이상형이었죠. 그런데 정말로 그런 남자와 만나서 사귈 때면 '그가 출세하면 좋겠지만 그렇게 되면 막상 바빠져서 나랑 지낼 시간이 없어질 거야.'라며 걱정을 하였습니다. 누가 봐도 꽃미남인 남자와 사귈 때는 '바람 필지도 몰라.'라든가 '난 심심풀이용일지도 몰라.'라며 불안한 모습을 보였습니다.

이런 심리 상태이니 항상 새로운 남자를 찾아 다니며 한 남자에 정착하지 못하는 것이었죠. 결혼 애기가 나와도 항상 "이렇게 되면 어떡하지?", "저렇게 되면 어떡하지?"라며 걱정만 늘어 놓았습니다.

　물론 상대가 멋진 남자일수록 '정말로 나 하나만 사랑하고 있는 걸까?'
와 같은 불안감이 엄습하는 것은 충분히 이해할 수 있습니다. 저도 불안
이 곧 '피해망상'으로 이어져서 머릿 속을 불필요한 걱정이 지배한 적도
있었습니다. 그 결과, 아직 일어나지도 않은 상상의 세계가 진짜인 것처
럼 느껴지기도 하고, 상대 남성을 믿지 못하게 되어 버린 경험이 있지요.
그런 때의 연애는 최악의 결말을 맞이하였습니다. 제가 망상의 세계에서
만든 '그의 변심'이 실제 현실이 되어 그가 다른 여자에게 가 버린 것입니
다. 그런 결과를 빚은 것은 저 자신에게 스스로 자신감이 없었고, 마음속
깊은 곳에서부터 사귀고 있는 남성을 믿지 못했기 때문이겠지요.

　유심히 들여다 보면 시노다씨도 마찬가지였습니다. 그녀는 아주 미인
이었고 스타일도 좋았으며 항상 "귀엽다.", "예쁘다.", "미인이다."라는

칭찬을 들으며 자라왔다고 합니다.

　그런데 어느 날 남자친구와 크게 싸우게 되었을 때, 그로부터 엄청나게 모진 말을 듣고 차여버린 것이 '트라우마'가 된 경험이 있었습니다. 그 남자가 했던 말은 "너는 언뜻 보기엔 좋지만 실제로는 사귀면 사귈수록 별 볼일 없는 여자야!"라는 것이었다고 합니다.

　그 후 연애에서는 남자들이 겉모습만 보고 자신을 선택했다고 생각한 나머지, 언젠가 내면을 알게 되면 차여버릴 것이라는 공포에 빠졌다고 합니다. 그래서 항상 스스로에게 자신 없고 상대에 대해서도 의심하며 노심초사하게 되었지요. 실제로는 내면에 문제점도 없는데 결국 차여버리는 일도 벌어졌죠. 그런 시노다씨는 누군가와 사귈 때면 '날 어떻게 생각하고 있는 걸까?'에만 온 신경이 쏠렸습니다. 어떤 남자는 "시노다씨 마음은 콩 밭에 가 있군요. 지금 여기 있는 저를 바라봐주지 않으니 참 슬프네요."라며 이별을 고했다고 합니다.

전에 어떤 남성이 여자친구와 헤어진 이유를 듣고 충분히 그럴 만하다고 공감한 적이 있는데, 시노다씨와 비슷한 이별 사례입니다. 그가 심각한 이야기를 하고 있는데, 여자 친구는 그가 쓰고 있던 선글라스에 비친 자신의 얼굴을 보며 앞 머리를 정돈하고 있었답니다! 그가 눈 앞에 있는데 자기 자신에게만 관심을 쏟고 있는 여성이라면 어떤 남성이라도 슬플 수밖에 없을 거에요. 먼저 눈 앞에 있는 상대와 제대로 마주하고 관심을 기울여야 하지 않겠어요?

사귀고 있는 사람이 없다면, 가족이나 남자인 친구도 좋습니다. 특히 가족은 인간 관계의 시발점이므로, 가족과의 커뮤니케이션부터 고쳐 나가다 보면, 연애에도 좋은 영향을 줄 거에요.

평상시 타인과 대화할 때, 무엇을 의식하고 있나요? 시노다씨처럼 내 눈 앞에 있는 사람의 말에 귀 기울이지 않고, 나 자신에게만 신경 쓰고 있지는 않습니까? 객관적으로 자신을 되돌아 보세요.

내 말버릇에
문제는 없나요?

: 평상시 입에 올리는 말은 마음이나 머리 속으로 생각하고 있는 말입니다. 그 중에서 자주 사용하는 말, 즉, 입버릇에는 어떤 것이 있을까요? 부정적인 말버릇이 있는 경우에는 자기 스스로 행복을 밀어 내고 있는 것이니 조심해야 합니다.

예를 들면 이러한 말들입니다.

"있을 수 없어.", "거짓말!", "최악이야.", "역시 무리야.", "안돼.", "방법이 없어.", "걱정.", "미워.", "나도 나이 들었지.", "위험해.", "초조하다.", "난 예쁘지 않아.", "나는 스타일이 좋지 않아.", "그렇긴 한데요.", "하아…"

만약 이런 말을 빈번하게 쓰고 있다면 지금이라도 입에 담지 않도록 주의하세요.

특히 여성의 입버릇 중 대부분은 연령이나 외모에 관한 것들입니다. 물론 남성은 여성의 연령이나 용모를 중시하는 경우가 많긴 합니다. 하지만 '남자들이 그러니까'라는 말은 곧 '남자들 때문에 어쩔 수 없어'라는 식의 자기 위안에 불과합니다.

정말로 예쁘지 않다고 생각되면 예뻐지려는 노력을, 스타일이 나쁘다면 스타일을 좋게 바꾸려는 노력을 하세요. 치열이 고르지 않다면 건강을 위해서라도 교정을 해 보고, 비만이라면 무릎이나 허리에 걸리는 하중을 줄여 디스크를 예방하기 위해서라도 다이어트를 해 봅시다. 단, 여자들이 오해하는 한 가지! 남자들은 여자들이 생각하는 것보다 너무 빼쩍 마른 사람을 별로 좋아하지 않는다고 하니, 조금 통통한 정도가 더 매력적임을 명심하세요.

쌍꺼풀이 없어서 예쁘지 않다는 생각이 든다면, 눈화장을 통해 매력적으로 만들 수 있는 방법은 얼마든지 있습니다. 피겨스케이팅 선수 김연아씨나 가수 가인씨처럼 쌍꺼풀은 없지만 그게 더 매력적인 여인이 될 수도 있습니다.

만약 도저히 어떤 방도가 없는 부분이 있다면, 다른 부분을 가꾸어 더 매력적인 여성이 되면 됩니다. 즉, '○○이지만 □□'을 명심하세요. 예를 들면 '나이는 40세. 그러나 겉 보기에는 30세'처럼 말이지요. 이 ○○와 □□의 갭이 클수록 그 사람의 '반전 매력'을 배가시킬 수 있습니다.

말투는 어떨까요? 말끝을 흐리면 조금 바보스러운 느낌이 들어서 손해입니다. "그렇긴 한데요."라는 문구를 자주 쓰는 사람은 한 문장이 너무 길어지고 그 뒤에 부정적인 내용이 이어질 가능성이 높으니 주의를 요합니다. 결론부터 말해주길 원하는 남성으로서는 지루하게 들릴 테니까요.

"하아."하고 한숨만 쉬고 있는 친구에게, 한숨 쉰 뒤에 "하아.. 행복해"라고 말해보길 권한 적이 있습니다. 그녀는 그동안 '비련의 여주인공'이었지만, 행복한 것을 상상하고 행복한 이유를 생각하는 버릇이 생긴 뒤, 긍정적인 삶으로 바뀌었다고 합니다. "결혼이 늦은 만큼, 내 결혼은 대박일꺼야.", "단 한번으로 좋으니, 이 세상에서 단 한 사람만큼은 날 선택해 줄 거야.", "슬슬 나타나도 좋을 타이밍인데.", "나는 누군가를 구속하지 않는 사람이니까 나하고 결혼 하는 사람은 행복 한 거지." 등의 말을 되뇌였던 거죠.

말에는 '언령(言靈)'이라 하는 심령술 같은 힘이 있습니다. 소리 내어 말한 단어에는 힘이 있어, 그것이 현실에 영향을 준다고 고대부터 믿어 왔습니다. 저도 그 힘을 믿고 있어요.

좋은 말, 긍정적인 말은 좋은 결과를 불러오고, 나쁜 말은 부정적인 결과를 현실로 만들어 버립니다. 또, 소리 내어 말한 말은 타인을 깊이 상처 입힐 수도 있지만, 반대로 타인에게 용기나 감동을 줄 수도 있지요.

부디 자신이 뱉는 단어 하나 하나에도 주의를 기울이세요.

＊

내 표정을 객관적으로
볼 기회는 있었나요?

: 일상 생활을 할 때 의외로 자기 자신의 모습을 볼 기회가 없지요. 본인이 타인의 눈에 어떻게 비치는가를 객관적으로 파악하는 것은 매우 중요한 일입니다.

자신의 왼쪽 얼굴과 오른쪽 얼굴 중 어느 쪽이 더 매력적인지 알고 있나요? 마릴린 먼로는 촬영을 할 때 오른쪽에서 찍는 것을 선호했다고 합니다. 훗날 윈저공이 된 영국 국왕 에드워드 8세는 반대로 자신의 왼쪽 얼굴이 더 멋지다고 생각했기 때문에 오른쪽 얼굴로 디자인한 동전을 발행하지 못하게 했다는 일화도 있습니다.

물론 이미지로 먹고 사는 여배우나 탤런트, 여자 아나운서, 모델들은 자신의 매력적인 얼굴이나 표정이 무엇인지 잘 알아야 할 것입니다. 우리들도 마찬가지입니다. 다른 사람에게 어떻게 보여지는가가 중요하고, 만약 별로 좋지 않은 인상을 주었다면 개선해야 하니까요.

세인트 에드워드 대학의 연구팀이 실시한 미소에 관한 실험이 있습니다. 연구팀은 먼저 특정인의 통상적 사진, 그리고 그것을 거울에 비춘 것처럼 좌우로 뒤집은 반전사진을 준비했습니다. 나아가 이 둘을 합성한 '우–우 얼굴 사진', '좌–좌 얼굴 사진'도 마련했습니다. 총 4가지 종류의 사진을 준비한 것이죠. 그리고 실험참가자들에게 사진들을 보여주었습니다.

실험에 의하여 밝혀진 재미있는 사실은 '매력적이다.', '사교성 있어 보인다.', '건강하게 보인다.'의 3항목 모두 '좌–좌 얼굴 사진'이 최고 점수를 받았다는 사실입니다. 왼쪽 얼굴은 인간의 감정이 풍부하게 나타나고 그 사람의 진정성이 느껴져 타인에게 호감을 주기 때문입니다.

　이처럼 대체로 본심이 나타나는 쪽은 왼쪽 얼굴인 경우가 많습니다. 따라서 왼쪽 얼굴의 미소가 매력적인 경우가 많다는 것을 염두에 두세요. 하지만 '낮의 얼굴'이라 불리는 오른쪽 얼굴이 더 지적으로 보여서 매력적인 사람도 충분히 있을 수 있습니다. 자신의 좌우 얼굴 중 어느 쪽이 더 매력적인지는 스스로는 판단하기 어렵습니다. 카메라 촬영중인지 모를 때 찍힌 사진을 통해, '타인이 보는 나의 얼굴'을 객관적으로 관찰해 보세요.

　참고로, '레벨업 아카데미'에서 행해지는 사진 촬영에서는, 카메라맨이 필히 좌우 양쪽에서 테스트 촬영을 하고, 어느 쪽이 더 매력적인가를 본인과 상담하여 무슨 사진을 쓸지 결정합니다. 그리고 카메라맨이 대화를 유도하여 자연스럽게 미소 짓는 순간을 포착하려 노력하지요. 이렇게 하면 본인도 놀랄만한 멋진 미소가 카메라에 담긴 답니다.

또, 웃을 때 보이는 치아가 주는 인상도 중요합니다. 앞니 두 개가 오랜 흡연으로 누렇게 된 30대 남성이 있었습니다. 미소가 멋진데도 그 앞니로 인해 매력이 반감되는 것이죠. 그는 영업맨이어서 바쁘다는 핑계로 치과에 갈 시간을 낼 수가 없다고 했지만, 그런 경우에는 화이트닝을 할 필요가 있습니다. 흡연뿐만이 아니라 오랫동안 커피나 홍차를 마시면 치아가 변색되므로, 저도 정기적으로 화이트닝을 하고 있습니다. 또, 웃으면 충치가 보이는 분도 가끔 있어요. 치아건강을 위해서도 좋지 않고 구취가 있을 수도 있으니 빨리 치료해야 합니다.

덧붙이자면, 웃을 때 보이는 이의 개수도 의미가 있습니다. 앞니 2개가 보일 때 예쁜 사람과, 4개 정도가 보이는 편이 좋은 사람, 그 이상 보여야 예뻐 보이는 사람이 있답니다. 이것도 거울로 체크해 보세요.

외모는 거울이나 사진으로, 그리고 말투는 비디오 카메라나 핸드폰 동영상 촬영기능을 이용해 객관화해 보는 것이 어떨까요? 촬영하고 있는지 모를 때 이야기하는 모습을 동영상으로 찍어서 보거나 녹음해서 들어보는 것입니다. 아나운서 학원에 다니는 사람이나 연기 지망생들은 이런 작업을 이미 하고 있는 셈이죠.

저는 현재 대중 앞에서 강연하는 일을 하고 있으니 목소리 전문가이기도 한 셈이죠. 하지만 처음 제 목소리를 녹음해서 들었던 초등학생 때에는 목소리가 너무 저음이어서 놀랐었습니다. 그 후에도 몇 차례 녹음을 해 봤지만, 목소리가 도무지 여성스럽게 바뀔 기미가 보이지 않아 컴플렉스가 되었어요.

그런데 강연을 시작한지 수년이 지나면서, 현재는 "침착하고 안정된 좋은 목소리네요.", "홀릴 만큼 매력적인 목소리인데요." 등의 찬사까지 듣게 된 것입니다! 목소리를 녹음한 것을 들으면서 나름대로 말투를 연구했던 것이 효과를 보았다고 생각합니다. 다른 사람의 피드백을 통해 자신을 객관화하는 것도 좋은 방법입니다.

또 누군가와 함께 여행을 가게 되면 동반자에게 부탁해서 동영상을 찍어 보세요. 평소 자신의 모습, 행동, 말투 등을 잘 알 수 있습니다. 매력적인 부분, 개선 하는 것이 좋을 것 같은 부분을 체크 해 보세요.

이상형을 상상해서
그림으로 그려 봅시다

: 저는 연말 연시에 꿈꾸는 미래상을 도화지에 쓰고, 사진이나 잡지에서 그 미래상과 유사한 것을 찾아서 오려 붙여 놓는다고 앞서 말씀 드렸지요? 그런데 결혼 전에는 하는 일이 한 가지 더 있었습니다.

이상적 결혼 상대를 상상해서 초상화를 그려 보는 것이었습니다. 어느 신년 초에 전통의상을 곱게 차려 입은 남녀의 모습이 실린 잡지를 발견한 적이 있습니다. 정월 데이트 코스를 특집으로 다룬 기사였던 것으로 기억합니다. 저는 전통의상을 좋아해서 그런 의상을 함께 입고 정월 대보름을 보낼 수 있는 남자를 만나면 좋겠다는 의미로, 그것을 바로 오려 두었습니다. 남자 모델의 얼굴은 제 취향이 아니었으므로 얼굴 부분을 오려낸 뒤, 제가 바라는 운명의 상대를 그려 보았지요..

갸름한 얼굴형, 귀가 훤히 드러난 짧은 머리, 길지 않은 구렛나루, 쌍커풀이 있는 눈, 큰 귀를 가진 남자, 거기다가 체형은 마른 사람… 한마

디로 일본의 인기 애니메이션 '루팡3세*'의 남자주인공 같은 느낌으로
그려보았죠! 이것 저것 상상해서 그려 보았습니다.

그런데 누군가를 떠올리거나 만났을 때, '운명의 상대가 바로 이 사람
일까?'하는 궁금증이 드는 경우가 있을 것입니다. 그 상대가 정말로 운명
의 상대인지 판단하기 위해서는 다음과 같은 포인트가 있다고 합니다.

만난 순간, 느낌이 온다.

왠지 모르게 그리운 느낌이 든다.

처음 만난 게 아닌 것 같은데?"

어딘가에서 진짜 만난 적이 있는 것 아닌가?"

마음이 맞아서 그 사람과 함께 있으면 평온해진다.

함께 있으면 질리지 않는다.

결혼관이나 인생관 등 가치관이 닮았다.

저는 그 루팡 초상화를 그린 바로 다음 해에 정말로 그런 만남이 운명처럼 다가왔습니다. 그렇습니다. 지금의 남편입니다. 안타깝게도 흔히 말하는 '필이 꽂혔다'는 느낌은 없었지만, 그래도 뭔가 그리운 느낌이 있었습니다. '어딘가에서 만났던 적이 있는 거 아닐까?'하는 감정도 있었고요. 그리고 만난 지 며칠만에 2번 데이트를 하고 3주 후에는 프로포즈를 받았지요.

정말 놀라운 것은 제가 그린 이상형과 너무나 많이 닮아 있었다는 사실입니다! 정말로 귀가 훤히 드러난 짧은 머리 스타일을 하고 있었고, 애니메이션 주인공인 루팡3세처럼 마른 체형이었습니다. 남편은 루팡을 좋아하고 흉내도 잘 낸답니다. 루팡이 영화나 드라마화 되면 루팡 연기를 하고 싶다는 말까지 했을 정도죠.

남편의 루팡 연기에 대한 꿈은 결혼 피로연에서 이루어질 수 있었죠. 남편이 전날까지 노력해서 준비한 영상에 '밖을 봐 주십시오! 루팡의 등장!'이라는 글씨가 나타나며 루팡 3세의 테마곡이 흘렀습니다. 하객들이 일제히 밖을 향했을 때, 벤츠 오픈카에 앉은 드레스를 입은 저와 빨간 쟈켓을 입고 권총을 쥔 남편이 등장했습니다! 후지코(애니메이션 루팡3세의 여주인공 이름)의 마음을 훔쳤다는 설정으로 입장한 것입니다!

웃음이 끊이지 않는 가정이 저의 꿈이었는데, 실제로 남편 덕분에 매일매일 배꼽을 움켜 쥘 만큼 즐거운 대화를 하며 살아가고 있습니다. 이 원고를 집필하면서 예전에 제가 그려놓았던 루팡 초상화를 다시 꺼내 남편과 함께 보았습니다. "정말 닮았어."라며 입을 모아 이야기 했답니다. 작년 정월에는 그와 함께 어머니가 지어주신 기모노를 입고 즐거운 시간을 보냈으니, 저의 꿈은 정말로 현실이 된 것이지요.

손재주가 없어서 초상화는 그리지 못할 것 같은 분도 상관없습니다. 처음에는 밋밋해도 좋고, 눈 부분까지만 상상할 수 있어도 좋습니다. 조금씩 상상을 더해가 보세요.

self
control
23

인생의 시나리오를
새로 써보세요

: 누구나 부모님의 영향 속에 자라납니다. 그런데 부모는 나쁜 의도 없이 무심코 야단치는 과정에서 한 언행이 자녀에게는 억압과 속박의 메시지로 각인될 때가 있다고 합니다. 그 메시지가 잠재의식 속에 각인되어 인생을 살아가는 동안 '내가 할 수 없는 금지 목록'에 구속되어 버리는 것이죠.

이것을 심리학 용어로 '부모로부터의 금지명령'이라 하며, 다음과 같은 열 두 가지의 금지명령이 있다고 합니다.

"넌 존재하지 말았어야 해!", "넌 아빠(엄마) 곁을 떠날 수 없어!", "넌 성공할 수가 없어!", "넌 중요한 사람이 될 수 없어!", "넌 느낄 수 없어!", "넌 건전하게 될 수 없어!", "넌 그 사람과 친구가 될 수 없어!", "넌 그걸 할 수 없어!", "넌 어른이 될 수 없어!", "넌 그 사람을 가까이 할 수 없어!(넌 그 사람과 사랑할 수 없어, 넌 그 사람을 믿을 수 없어)", "넌 남자(여자)다울 수 없어!", "넌 혼자 생각할 수 없어!"

이 금지명령은 어릴수록 더 신뢰하게 되는 부모의 메시지로서, 이를 진정으로 받아들여 버리는 것이죠. 그리고 12세 정도까지 반복적으로 이 메시지를 접함으로써, 이것들이 '일생 동안 지켜져야 할 절대명제'의 하나로 마음 속에 자리잡아 버리는 것입니다.

운명의 상대와의 만남을 이루기 위해서는 스스로에게 자신감을 가져야 합니다. 그러기 위해서는 스스로를 사랑하는 것이 중요하지요. 누구나 이를 알고 있지만 아무리 해도 스스로에게 자신감을 회복할 수 없는 사람도 있을 것입니다. 그런 사람의 이야기를 들어보면, 어릴 적에 부모로부터 받은 금지 명령으로 인해 그 안에 갇혀 버린 경우가 주를 이룹니다. 그 속박을 풀기 위해서는 '금지명령의 변환'이 핵심입니다.

예를 들어, "넌 존재하지 말았어야 해!"를 변환해 봅시다. "넌 꼭 존재해야 해!", "거기에 있는 것만으로 가치가 있어.", "존재하고 있는 그 자체로 큰 의미가 있단다." 등입니다. 부모가 내렸던 부정적 어감의 금지명령 대신 자신이 자신에게 '허가의 메시지'를 전하는 것이지요.

부모의 말이 계기가 되어 금지 명령을 자신의 무의식적 잠재의식 속에 품게 된 것일 뿐, 실제 금지 명령은 어디까지나 '자신이 만든' 것입니다. 과거에 있었던 사실이나 경험을 바꿀 수는 없지만, 부모의 메시지를 받아 들이는 방법이나 태도는 지금이라도 바꿀 수 있는 것입니다.

다른 금지 명령도 변환해 봅시다.

"넌 어른이 될 수 없어!"→"넌 어른이 될 수 있어!", "넌 성장할 수 있는 사람이야."

"넌 성공할 수 없어!"→"넌 성공해도 돼!", "넌 성공 할 수 있는 사람이야."

"넌 중요한 사람이 될 수 없어!"→"넌 중요한 인물이어도 돼!", "자신의 인생에서는 자신이 제일 중요한 인물이고 주인공이야.", "나라면 이 나라의 중요인물이 될 수 있어."

이처럼 여러 가지 잠재의식 속에 자리잡은 부정적 메세지를 변환하여, 자신에게 '허가의 메시지'를 내려 주세요. "나라면 할 수 있어!", "괜찮아." 등의 말들이 매우 효과적입니다. 직접 소리 내어 말해 보는 것도 좋겠지요.

자신의 마음이 끌리는 상대란, 잠재의식에서부터 내가 나에게 어울릴 수 있다고 느끼는 상대입니다. 만약 당신이 불륜을 반복하거나 바람기 있는 남성만 만난다면, 당신의 잠재의식이 그들을 끌어 들이고 있다는 증거입니다. 운명의 상대와 만나기 위해서는 '자존감'부터 향상시키는 것이 중요합니다.

사람은 자신이 생각한 것 이상의 인간이 될 수 없습니다. 인간은 어릴 적 자신의 무의식 속에 각인된 인생의 시나리오에 평생 동안 지배당하며 살아가고 있으니까요. "에이, 그런 게 어딨어? 나는 내 의지대로 주체적으로 결단하면서 살 수 있어!"라고 반문하실 수도 있을 겁니다. 그러나, 심리학파 중 '의사교류분석학'을 제창한 에릭 번(Eric Berne)은 "그것은 착각이다."고 단언했습니다.

잠재의식 속에 자리잡은 인생의 시나리오로부터 벗어나 그 각본과 다르게 살아가는 사람은 1%밖에 되지 않는다고 합니다. 이는 무서운 이야기입니다. 자신의 인생을 자유의지대로 매순간 새롭게 시나리오를 써가며 펼쳐나갈 수 있다면 좋을 텐데 말이죠.

자유의지대로 주체적인 삶을 살기 위해서는 어릴 적 잠재의식 속에 자리잡은 인생의 시나리오를 먼저 알아내야 합니다. 그리고 진정으로 멋진 자신의 인생을 살기 위한 새로운 시나리오로 다시 채워 넣어야 합니다.

이를 위해 매우 효과적인 방법이 있습니다.

이 책의 앞에서 언급한 '상처 입은 내면 아이'를 치유하는 방법을 기억하고 있나요? 성인인 당신이 내면 아이에게 말을 걸었지요. 즉, 성인인 당신과 내면아이 간에 대화를 나누었던 것입니다. 이번에는 그것을 어렸을 적의 당신과 부모님으로 재구성하여 이야기를 만들어 보세요. 이 때에는 어릴 적 별명 등을 동원하는 것도 효과적입니다.

상상으로 만들어진 새로운 시나리오를 그 당시 부모님과의 대화 형식으로 동화처럼 아래에 써 보세요. 때로는 소리 내어 반복해서 읽어 봅시다.

어릴 적 부모님과의 대화 속에 나타난 새로운 당신의 인생 시나리오

_____

_____

_____

_____

_____

_____

_____

_____

_____

_____

_____

_____

_____

_____

_____

_____

_____

무엇이든 할 수 있는 당신은 이제 괜찮아요! 당신은 이 시나리오대로 새로운 인생을 걷기 시작할 것입니다.

PART
FIVE

행동으로
운명의상대를
끌어들이는
15가지의셀프컨트롤

가만 있지 말고
무언가를 시작해보세요

: 지금까지는 '과거의 나'를 집중적으로 분석해 보았습니다. 이제 운명의 상대가 나타났을 때 그 기회를 놓치지 않고 잡아 채기 위한 준비를 해 봅시다. 기회란 준비된 자에게 나타나고, 또 준비된 자만이 그 기회를 잡을 수 있겠지요.

이상적 결혼상대나 이상적 결혼 생활에 대해 매일매일 상상하다 보면, 틀림없이 자신에게 여러 가지 변화가 실제로 일어날 것입니다. 처음에는 '정말 마음먹은 것만으로 효과가 나타난다는 게 가능하기나 한 걸까?'하며 반신반의할 지도 모르겠습니다. 하지만 믿음을 갖고 계속 하시기 바랍니다. 3주 이상 계속 하다 보면, 자신의 상상이 '소원의 원석(原石)'이 되어 우주만물의 에너지와 결합되면 마침내 변화를 야기할 것입니다.

그것을 위한 준비를 매일 매일 하고 있다고 생각 하세요. 우리들은 매일 우주와 이어지는 터널을 파고 있는 셈입니다. 그 시발점과 종착점을 관통하게 되면 우주의 광대한 힘이 당신이 바라고 꿈꾸던 인생을 가져다 줄 것입니다. 자신의 마음이나 신체가 '소원의 원석'에 이끌려 저절로 움직이기 시작하는 셈이죠.

미국 심리학계의 거두 윌리엄 제임스(William James)는 어릴 적부터 우울증을 포함한 여러 질병을 앓았던 철학자이며 심리학자입니다. 그는 이렇게 말했지요.

마음이 바뀌면, 행동이 바뀐다.

행동이 바뀌면, 습관이 바뀐다.

습관이 바뀌면, 인격이 바뀐다.

인격이 바뀌면, 운명이 바뀐다.

운명이 바뀌면, 인생이 바뀐다.

사고는 행동으로 표출되므로, 먼저 어떤 일을 받아들이는 마음가짐이나 사고부터 바꿔야 합니다. 이미 이 책의 제3장 셀프 카운셀링을 읽었다면, 서서히 마음이 변화하고 있을 것입니다. 마음의 변화를 통해 '소원의 원석'이 우주에 다다랐을 때, 소름 끼칠 정도로 흥분되거나 근거 없는 자신감이 생겨날 것입니다. 그 때가 바로 찬스입니다! 가만있지 말고 무언가를 시작해보세요.

운명의 상대와 만나기 위해 때로 자신을 소중히 여기는 주위의 권유에 이끌려 가보는 것도 나쁘지 않습니다. 당시 47세로 "혼기를 놓쳐 버렸다!"고 입버릇처럼 말했던 다나카씨가 있었습니다. 저를 통해 가만 있지만 말고 '무언가를 시작하고 실행에 옮기는 것'의 중요성을 절감했던 모양입니다. 그래서 적극적으로 몇 가지를 배우기 시작 했었다고 합니다. 할머니와 어머니로부터 물려받은 기모노가 아까워서 다도와 일본 무용 동호회에 나가기 시작 했었다지요. 항상 일 뿐이었던 그녀가 언젠가부터 매일매일 여가 생활을 즐겨가며 지내게 되었다고 합니다.

어느 날 일본 무용 동호회에서 만난 친구(라고 해도 다나카씨가 제일 젊었고, 모두 60~70대)가 함께 베네치아 여행을 갈 것을 권했고, 그녀는 '모처럼 친구가 권하니까'하는 마음에 이에 응하게 되었답니다. 마침 그 때 여행가이드는 그녀와 비슷한 나이의 일본인 남성이었고요. 그 사람이 바로 운명의 상대였던 것입니다! 동호회 회원 모두가 그녀를 자신의 딸처럼 아껴 주고 있었기 때문에, 보이지 않는 기운이 그녀를 운명의 상대와 만나도록 베네치아로 이끌었던 모양입니다.

그녀는 여행을 마치고 돌아와 그 여행가이드와 몇 차례 개인적으로 만났다고 합니다. 그 남성은 당시 50세 정도였습니다. 전처와 젊은 시절 사별하고, 20년 가까이 독신이었으며, 그 즈음에는 가이드 일 이외에는 아무 즐거움이 없다는 분이었습니다. 그녀와 그 남성은 마음이 잘 맞았고, 반년 정도가 지났을 때에는 혼인신고를 하게 되었지요. 그녀는 지금 더없이 행복하게 살고 있습니다.

명심하세요! 억지로 인연을 만들려고 해서 만들어지는 것이 아닙니다. 심적으로나 물적으로 준비되어 있는 자에게, 때가 되면 인연이 나타나는 것이지요.

퍼스널컬러를 찾으세요

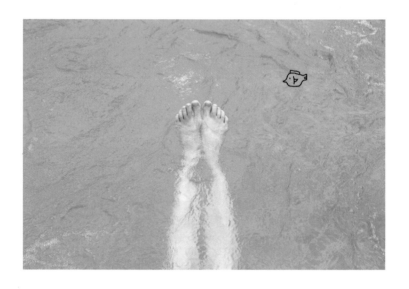

사 랑 은
서 툴 고
결 혼 은
　　 먼
그대에게

: 운명의 상대를 맞이할 '준비된 신부'가 되려면, 자신의 외양을 가꾸는 일도 소홀히 할 수 없습니다. 마음가짐의 변화가 겉모습의 변화로까지 이어져야겠지요.

혹시 '퍼스널 컬러(personal color)'라는 말을 들어 본 적 있나요? 스스로를 열심히 가꾸고 있는 사람이라면 이미 들어본 적이 있을 수도 있습니다. 눈동자, 피부톤, 머리색에서 그 사람의 매력을 끌어낼 수 있는, 한마디로 그 사람에게 가장 잘 어울리는 색이라는 것이 있습니다. 퍼스널 컬러 진단이란 이것을 알아내는 것이죠. 이 컬러를 무시한 채 헤어, 메이크업, 코디네이트를 하면, 다음과 같은 부작용이 일어납니다.

- 실제보다 나이 들어 보인다.
- 촌스러워 보인다.
- 패션이나 화장이 떠 보인다.
- 건강미가 없어 보인다.
- 피부가 칙칙해 보인다.

이와 반대로 자신에게 딱 맞는 퍼스널 컬러를 사용하게 되면 위와는 정반대의 현상이 벌어지는 것이죠. 피부가 투명해 보이고, 헤어, 메이크업, 패션이 본인과 조화를 이루어 매력적인 여성이 되고, 개성도 드러나게 되는 것입니다.

'레벨업 아카데미'에서는 자신의 '퍼스널 컬러'를 진단하는 것뿐만이 아니라, 심리 테스트를 통해 좋아하는 색이나 스타일을 파악하여 본인의 진정한 매력을 끌어내도록 노력하고 있습니다. 민낯 상태에서 진단해야 하므로 꽤 오랜시간이 걸리는 편이죠. 퍼스널 컬러 진단의 방법을 소개해 드릴 테니, 아래의 항목 중 해당되는 것에 체크해 보세요.

☐ 햇볕에 타면 까매진다.

☐ 검은자 주위가 녹색빛을 띤다.

☐ 눈동자가 엷은 브라운톤이다.

□ 손끝을 살짝 눌러 보면, 조금 보랏빛이 도는 빨간색이 된다.

□ 주위 사람들이 어울린다고 하는 색은 회색이나 검은색보다 갈색이 나 베이지 계열이다.

□ 머리카락 색깔은 새까맣거나 어두운 갈색이다.

□ 동안이고 어려 보이는 편이다.

□ 피부가 하얗다.

□ 실버 액세서리를 하면 빈티가 난다.

□ 민낯일 때면 혈색이 안 좋다(볼에 붉은 기가 없다).

어떻습니까? 그럼, 진단 결과를 말씀 드릴게요.

홀수 항목에 많이 체크가 되었다면, 옐로우 베이스일 가능성이 높습니다. 짝수 항목에 체크가 많이 되어 있다면, 블루 베이스일 가능성이 높고요.

옐로우 베이스인 분은 빨강이라면 주황색이나 조금 갈색을 띤 빨강, 핑크라면 새먼 핑크, 초록이라면 연두나 모르그린 같은 노란빛이 강한 색 조합이 어울립니다.

이 분들은 기본적으로 건강함, 발랄함, 큐트, 프리티 같은 이미지로서, 캐쥬얼한 여러 가지 색깔의 조합도 잘 소화해 내고, 귀여운 스타일의 패션도 어울립니다. 옐로우 베이스이지만 귀엽고 발랄한 이미지가 싫은 분이라면, 쿨한 느낌의 바지 정장이나 타이트한 스커트 정장이 잘 어울리거나, 보헤미안 풍이나 보이쉬한 패션, 큼직한 액세서리나 벨트 등도 좋습니다.

블루 베이스인 분은 빨강이라면 핑크빛을 띤 빨강이나 짙은 빨강, 핑크라면 베이비 핑크나 마젠타, 초록이라면 파스텔 그린이나 짙은 초록색 같은 푸른빛이 강한 색 조합이 어울립니다.

기본적으로 우아하고 여성스러운 이미지이므로, 여성스러운 스타일을 좋아하는 분이라면 작은 꽃 무늬나 포근해 보이는 원피스, 레이스나 얇은 소재, 반짝이는 펄이 들어간 옷 등을 입으면 좋습니다. 여성스러운 이미지가 싫다는 분이라면, 강렬하게 대비되는 무늬나 색의 조합, 기하학적 모양이나 다이아몬드 무늬처럼 샤프하고 쉬크한 '차도녀' 이미지를 컨셉으로 잡아보는 것도 좋을 것입니다.

이 결과를 참고로 하여 당신에게 어울리는 색을 염두에 두고 코디네이트를 해 보시기 바랍니다. 분명 당신의 인상이 훨씬 좋게 보이게 될 테니까요.

보이지 않는 곳에
더 신경쓰세요

: 매일 직장과 집의 왕복만 반복되다 보니 헤어, 메이크업,
패션에 무신경하게 살고 있지는 않나요? 그러나 언제 어디서 운명의 상
대를 만날지 모르는 노릇입니다. 여성성을 지나치게 강조하거나 노출이
심한 패션, 때와 장소에 맞지 않는 패션은 남자들에게 좋은 평을 받기 어
렵습니다. 좋은 인상을 주기 위한 노력은 여성으로서 잊지 말아야 하겠
지요? 특히 보이지 않는 곳이나 향취에도 신경 쓰지 않으면 여성으로서
의 에티켓을 의심 받고 맙니다.

여자로서 기본적으로 신경 써야 할, 그렇지만 많은 여성들이 간과하기
쉬운 것들을 간단히 언급하고 넘어가겠습니다.

하루 중 땀을 흘렸는데 샤워하지 않고 방치하거나, 메이크업을 지우지
않고 잠든 적은 없나요? 땀을 그대로 방치하면 피부 모공에 노폐물이 쌓

이게 됩니다. 그리고 화장이 잘못 번지면 흉하기도 하고 자외선은 피부의 큰 적이니, 철저한 관리가 필요하겠지요. 작은 파우치에 화장솜과 면봉, 그리고 정제수를 가지고 다니면서, 화장이 잘못 번지거나 피부에 부담을 주지 않도록 관리해 주세요.

피부노화의 주범은 '자외선'이므로 썬크림은 필수입니다. 썬크림은 자외산차단지수가 지나치게 강한 것을 사용하면 알레르기 반응을 일으킬 가능성이 있습니다. 피부가 강한 사람이라도 부담이 될 수 있겠지요. 적당한 정도의 자외선 차단제를 자주 바르는 편이 바람직합니다.

메이크업, 헤어 뿐만이 아니라 자신의 향취에도 민감해 져야 합니다. 특히 식사 중에 향수를 과도하게 뿌리면 다른 상대방에게 민폐입니다. 체취나 옷에 벤 냄새, 흡연자라면 담배 냄새에도 주의하세요.

또, 자신의 가슴-허리-힙 사이즈를 알고 있나요? 자신의 신체사이즈에 맞는 속옷을 입고 있나요? 저는 예전에 속옷 코디네이터를 했던 적이 있습니다. 일본인은 둘 중에 한 명이 사이즈가 맞지 않는 속옷을 입고 있다고 합니다. 맞지 않는 속옷을 지속적으로 착용하는 바람에 바디 라인이 망가진 사람도 봤고요.

'황금비율'이라고 불리는 여성의 이상적 신체비율 있습니다. 젖꼭지를 이은 선이 어깨와 팔꿈치의 중간보다 위에 위치하고, 젖꼭지의 좌우의 간격이 17센티미터 이하로서, 쇄골의 가운데 지점과 젖꼭지를 이은 세 점이 정삼각형이 되는 것이 이상적입니다. 정삼각형이 되지 못하면 가슴이 처져 보이기 때문에 나이가 들어 보입니다.

또, L사이즈보다는 M사이즈, M사이즈보다 S사이즈가 좋다고 생각하는 것이 여자 마음입니다. 하지만 무조건 작은 사이즈에 집착하는 것은 바디 라인을 망가뜨리거나 자궁을 불필요하게 압박하게 되어 건강에 좋지 않습니다. 몸매를 감추려고 무조건 꽉 끼는 거들을 입으면 허벅지 위쪽의 혈액순환을 나쁘게 하거나, 힙을 압박하여 장기적으로는 허벅지를 굵게 만드는 원인이 되기도 하니 주의하세요.

여성에게 있어서 '냉증'은 대단히 해로운 것이므로, 여름에도 냉방으로 인해 손과 발, 배가 차가워 지지 않도록 적절한 사이즈의 거들을 입는 것은 좋습니다. 다만 허리, 힙, 허벅지 중에서 제일 굵은 부분에 맞추세요. "굵은 부분에 맞추면 날씬 해 보이지 않잖아!"라고 반문할 수 있습니다. 그러나 여성의 지방은 지점토와 같은 것이어서, 굵은 부분을 무리해서 조이면 다른 곳으로 옮겨가 버립니다. 허리가 꽉 끼면, 거들 위로 튀어나온 셀룰라이트(지방)가 힙쪽으로 올라가거나 허벅지쪽으로 내려가겠지요. 이것이 오히려 흉하다는 걸 잊지 마세요.

self
control
27

화장할 때
중요한 것은
이미지 메이킹입니다

사 랑 은
서 툴 고
결 혼 은
　 먼
그대에게

: 셀프 컨피던스를 높이기 위한 조건으로 '아름다운 얼굴'이라는 요소를 부정하는 것은 현실적이지 못합니다. 그런데 당신은 자신의 얼굴이 마음에 듭니까? '눈이 더 컸으면 좋았을 텐데'라든지 '코가 좀 높아졌으면 좋겠어.'라며 거울을 보며 한숨 쉬고 있는 사람도 있을 것입니다. 저도 '눈썹이 좀 더 길었으면'이라든가, '주름이 잘 생기지 않는 피부였다면' 등 각종 불만이 생길 때가 있습니다. 그러나 누구에게나 남이 갖지 못한 장점도 있습니다.

또, 스스로는 결점이라고 생각하는 부분도 화장 하나로 매력 포인트로 바뀌는 일이 있습니다. 일단, 민낯 상태의 특징을 살펴 보세요. '내 얼굴의 좋은 점을 모르겠다'는 사람은 백화점 화장품 가게 직원에게 물어 보는 것도 좋을 것입니다. 화장품 가게 직원은 화장품을 판매하기 위해 그 사람의 특징에 맞춰 화장을 해 주기도 하고 상담도 해 줍니다. 그들을 내 편으로 만들어 여러 가지 정보나 테크닉을 익히는 것도 나쁘지 않습니다.

간단한 예를 들자면, 실제보다 나이 들어 보이는 것이 고민이라면 파운데이션이나 볼화장, 립스틱 같은 색조 화장이 피부색과 맞지 않을 가능성이 있습니다. 아니면, 화장이 입체적 느낌을 살리지 못하고 있는 것은 아닐까요? 눈썹을 지나치게 가늘게 그렸다거나 지나치게 진하게 인위적으로 그린 것은 아닐까요? 혹은 1990년대 스타일의 철 지난 화장을 하고 있지는 않은가요?

여성의 얼굴은 의외로 눈썹이나 눈 화장 하나로 이미지와 인상에 엄청난 변화가 있답니다. 1990년대에는 눈썹을 지나치게 인위적으로 그리는 화장이 유행했는데, 현재는 눈썹산 부분을 포함해서 자연스럽고 부드럽게 그리는 것이 일반적입니다. 점차 '부드러운 인상'을 주는 쪽으로 눈썹 메이크업의 방법도 변화해 온 것이죠. 화장은 이미지입니다.

일단, 좌우 눈썹의 높이나 모양이 다르면 이를 맞추는 것도 필요합니다. 하지만 더 중요한 것은 눈썹과 눈썹의 간격입니다. 눈썹 앞머리는 눈의 안쪽 끝 연장선보다 5밀리미터 안쪽에 위치해야 합니다. 그것보다 더 안쪽으로 깊이 들어가면 눈썹과 눈썹이 붙은 일자 눈썹 느낌이 날 것이고, 그보다 바깥쪽이라면 눈과 눈 사이가 멀어서 바보처럼 보이게 됩니다. 눈썹산은 정면에서 똑바로 봤을 때의 눈동자의 바깥쪽 연장선의 위에 위치해야 합니다.

눈썹꼬리는, 옛날에는 콧망울 옆에서 눈꼬리를 향한 연장선 위에 위치하는 것이 좋다고 했었습니다만, 요즘은 조금 짧게 입꼬리 옆에서 눈꼬리를 이은 연장선 위에 위치하는 것이 좋다고 합니다. 그리고, 눈썹 앞머리보다 눈썹꼬리가 처지지 않게 하세요. 눈썹꼬리가 눈썹 앞머리보다 내려가 있으면 뭔가 곤란해 하는 인상, 슬퍼 보이는 이미지가 됩니다. 마지막으로 눈썹을 지나친 직선이 아닌 약간의 곡선으로, 그리고 눈썹에서 제일 두꺼운 눈썹산 부분이 8밀리미터~1센티미터가 되도록 그리세요. 그 정도 두께가 가장 이상적입니다.

눈썹을 그릴 때는 눈썹 앞머리부터 그리지 않는 것이 비결입니다. 눈썹산부터 눈썹 앞머리를 향해 그리세요. 그리고 "저 눈썹 그렸어요."라고 말하는 듯한 눈썹이 되지 않도록 필히 마지막에는 파우더로 살짝 밀어주세요. 아이브로우 펜슬로만 그릴 것이 아니라, 새딩브로우 파우더를 사용해서 그리면 진짜 자기 눈썹처럼 자연스럽게 그릴 수 있답니다. 인위적으로 그린 느낌이 강하지 않은 자연스러운 느낌의 눈썹이 좋습니다.

한편, 눈화장도 여자의 얼굴에서 매우 중요한 요소입니다. 예를 들면 얼굴형이 둥글다거나 반대로 사각턱이어서, V라인이 살지 못해 신경이 쓰인다면, 아이 메이크업을 진하게 해서 시선을 분산시킬 수도 있겠지요. 인조 속눈썹을 붙여 본다거나 아이라인을 확실하게 함으로써, 눈을 크고 인상적으로 만들어주면 시선이 눈으로 가기 때문에 얼굴 라인은 눈에 덜 띄게 됩니다.

얼굴이 밋밋한 편이거나 광대뼈가 그다지 높지 않거나 얼굴이 긴 편이라서 고민이 있다면, 광대에 볼화장을 해서 입체적으로 보이게 하거나 귀여움을 더해도 좋을 것입니다.

이처럼 메이크업 방법만 센스 있게 가져가도 충분히 이미지와 인상이 바뀔 수 있습니다. 자연스럽지 못한 성형이나 쁘띠 성형을 하기 전에, 메이크업에 대해 심도 있게 연구해 보는 것을 추천합니다. 특히 눈썹과 눈 메이크업에 대해서 말이죠.

그러나 기본으로 돌아가 '민낯 미인'이 제일 중요합니다. 방청소에 비유하자면 쓰레기가 널브러져 있는 방 바닥에 갑자기 왁스를 칠한다고 해도 깨끗해 보이지 않는 것과 같습니다. 먼저 쓰레기를 치우고 걸레질을 하고 나서 왁스칠을 해야 하듯, 피부도 마찬가지 입니다. 화장만 할 것이 아니라 피부 자체를 가꾸는 노력을 해야 합니다. 뽀루지나 여드름 많은 피부, 반대로 건조해서 푸석푸석한 피부는 화장도 잘 먹지 않습니다. 먼저 기초부터 가꾸세요.

일 잘 하는 여성이
요리까지 잘 한다면?

: 일이 바쁘고 혼자 사는 여성의 경우, '나 하나 먹으려고 요리 하는 것은 귀찮다.'고 생각하는 사람이 있을지 모르겠습니다.

제 친구 중 고된 업무를 소화해 가면서도 매일 아침 출근 전에 청소도 빼먹지 않고 요리도 잘 하는 이시하라라는 여성이 있습니다. 그녀의 집은 항상 깨끗합니다. 그리고 요리도 너무 맛있고 레시피도 다양합니다. 그런 이시하라를 보고 있자니 청소든 요리든 제대로 잘 하려면 '습관화' 하는 것이 중요하다는 것이 새삼 와 닿았습니다.

이시하라는 아침 4시~5시에 일어나 30분간은 꼭 청소를 한다고 합니다. 방을 깨끗하게 하고 있지 않으면 마음도 편치 않아서, 직장에서도 책상 주위는 깨끗이 한다고 합니다. 어디에 무엇이 있는지 바로 알 수 있으니 물건을 찾는 데에 시간을 들일 일도 없습니다. 머리 속까지 정리된 것 같아 상쾌하다고 합니다. 조금이라도 쓰레기가 떨어져 있으면 바로 발견

할 수 있어서 변화를 알아채는 사물 인지력도 익힐 수 있다고 하지요.

요리에 관해서는 회식이 없다면 저녁밥이나 아침밥은 되도록이면 만들어 먹는다고 합니다. 아무리 부지런한 그녀라도 매일 먹거리를 만드는 것은 번거로우므로 시간이 많이 걸리는 소스류는 한꺼번에 만들어서 저장해 둔다고 하네요. 예를 들면 만두속과 햄버거스테이크의 재료를 동시에 만들어 냉동해 둔다고 합니다. 조미료와 양파, 다진 고기 등 만두와 햄버거스테이크에 동시에 들어가는 것을 만들어서 둘로 나눈 뒤, 각각의 식재료를 더해 한쪽은 만두속, 한쪽은 햄버거 스테이크의 재료로 사용한다고 합니다.

처음부터 일할 순서를 정해 두면 요리가 손쉽게 되므로 일종의 성취감도 있고, 그것으로 맛있는 것이 만들어지면 보람도 있어서 매우 재미있다고 합니다. 외식할 기회도 많은 이시하라지만, 단순히 '맛있었어.'로 끝나지 않는 것이 그녀의 훌륭한 점이죠. 어떤 식재료나 조미료가 들어갔는지, 어떤 순서로 만들었는지를 생각해보고 돌아가서 재현해 본다고 하네요.

순조롭게 만들어지면 친구를 초대해서 대접하기도 하고, 친구들이 기뻐하면 그것이 또 기분 좋은 일이지요. 이시하라를 보고 있으면 일 잘하는 여성은 확실히 요리도 잘 한다는 생각이 듭니다. 하나를 보면 열을 알 수 있는 셈이죠. 만약 '바빠서'라는 핑계로 늘 외식을 하거나 반찬을 사서 먹고 있다면, 이는 위험한 일입니다. 혼자 사는 생활이 당연한 일상이 되어 있으면 결혼한 후에 고생한답니다. 그렇게 되지 않도록 요리 실력을 미리 준비해두세요.

특히, 작년에 결혼한 성대모사 전문 개그맨 하라구치 아키마사씨의 이야기를 들었을 때, '남자는 요리 잘하는 여자에 약하구나!'라는 사실을 절감했습니다. 하라구치씨는 후쿠오카 출신인데 결혼한 여성은 사이타마현 출신입니다. 두 지방은 미소시루(일본 된장국)의 맛이 다르다고 합니다. 그것을 깨달은 그녀는 하라구치씨가 좋아하는 미소시루의 맛을 열심히 연구했습니다. 그 뒤의 미소시루를 먹었을 때, 하라구치씨는 '내가 요리 실력에 마음을 뺏겼구나! 이 사람을 놓치면 안 되겠어!'라는 마음에 결혼을 결심했다고 하네요.

저도 결혼을 염두에 두기 시작했을 때부터, 그 이전까지 요리해 왔던 것 이상으로 어머니께 요리를 배웠습니다. 어렵다고 생각했던 조림도 압력솥을 사용하면 간단하게 만들어지고, 카레는 건더기를 끓일 때 월계수잎을 넣으면 향기도 좋고 맛의 깊이가 생깁니다. 간 건강에도 좋다고 하구요. 요리 하나 하나에도 다 노하우가 있더라고요.

또, 이시하라처럼 다른 사람을 초대해서 대접하는 것도 요리 실력을 높일 수 있는 좋은 방법입니다. 일할 때 고객의 수요를 파악한 뒤 납기를 맞추어 제품을 생산하는 것처럼, 상대가 좋아하는 재료, 싫어하는 재료를 미리 물어보고, 재료 준비 등의 절차를 마친 후에 정해진 시간 내에 맛있게 만들어 따끈따끈한 상태로 대령합니다.

이렇게 맛있는 요리를 만드는 것도 제품을 생산하는 것과 유사하니, 일 잘 하는 여성이라면 요리도 자연스럽게 잘 할 수 있을 것입니다. 반대로 요리를 잘 하는 여성이라면 그 요령으로 일을 할 경우 일의 능률도 오를 것이니, 세상 만사의 이치는 하나인 셈이죠.

이래도 좋고 저래도 좋으면 안돼요

사 랑 은
서 툴 고
결 혼 은
언
그대에게

: 사랑하는 남자친구와의 기다리고 기다리던 데이트! 재미있고 기억에 남는 하루가 되면 좋겠지요. 그러나 여자들은 '겸양'의 의미를 잘못 알고 사람이 많은 것 같습니다.

특히 남자가 "어디에 가고 싶어?", "뭘 먹고 싶어?"하고 물어도 "어디든 좋아.", "뭐든 좋아.", "당신에게 맡길게요."라고 말하면 즐거움도 반감되어 버립니다. 애인이 "오늘은 나에게 맡겨 줄래?"라고 말한 경우는 물론 맡겨두어도 좋겠지요. 그러나 그가 당신을 기쁘게 하기 위해 가고 싶은 곳이나 먹고 싶은 것을 묻고 있는데 아무것도 말하지 않는다면 그도 곤란해져 버립니다. 그것은 결코 겸양을 아는 고고한 여성이 아니라, '무엇을 하고 싶은지 잘 모르는 여성'밖에 되지 않습니다.

저의 지인 중 10살 이상 연하의 여성과 결혼을 한 남성이 있습니다. 그는 40대 후반에 초혼을 하였습니다. 왜 그 여성을 택한 것인지 그에게 물어 보았습니다. 그러자 "자신의 의견이 확실한 점이나, 내가 해 준 것은 어떤 것이든 매우 기뻐해 주는 점이 좋았으니까"라고 답했습니다. 데이트를 할 때는 "○○에 가고 싶어요!", "○○을 먹고 싶어요!" 등을 말하고, "이거, 엄청 기뻐요~!", "우와~ 입 안에서 살살 녹네요~!" 등 감정표현도 풍부하게 해주었다고 말했습니다. 그는 이렇게도 말했지요. "남자란 단순하니까 그 정도로 기뻐해주면 '다음 번에는 더 좋은 곳에 같이 가 볼까'라는 생각이 들어서 더 '열심히 모드'로 돼버리거든."

남성은 여성이 기뻐하는 것을 해주고 싶어하며 꿈을 이뤄주고 싶어 합니다. "어디든 좋아."나 "뭐든 좋아."는 겸양과 고상함의 대명사가 아니라 오히려 남성을 실망시키는 금지 어구입니다.

또 하나, 데이트를 할 때 에스코트를 받는 방법도 알아 두면 좋겠지요. 남녀가 엘리베이터에 함께 타서 남성이 여성을 먼저 내리게 하려고 살짝 손을 내밀고 "자, 먼저" 라고 해 주어도, "아뇨. 아니에요. 먼저 가세요." 라며 에스코트를 받지 않는 여성을 가끔 목격 합니다. 레스토랑의 입구에서 코트를 벗거나 입을 때 도와주는 남성에게 "괜찮습니다."라며 거절하는 여성도 있지요. 이럴 때 사양은 백해무익입니다. 먼저, 남성이 여성을 에스크트해 주고 있다는 사실을 인식해야겠지요. 그리고 에스코트하려 하는 남성의 배려를 감사하는 마음으로 받아들이는 것도 필요합니다.

한편, 회사의 회식자리 등에서도 무리하게 남자 사원이나 상사에게 술을 따르며 분위기를 돋울 필요는 없습니다. 다만, 직장 내에 자리잡은 술문화가 있다면 거기에 맞추기 위해 그것을 익혀두는 것은 필요합니다.

또, 유리잔에 맥주병의 입구가 닿지 않도록 하는 등 몇 가지 술자리 매너를 알아 두세요.

남녀 직원이 함께하는 회식에서 먼저 나서서 술 따르는 역할을 자처하는 여성이 있습니다. 이것도 그다지 바람직한 것은 아닙니다. 옆 사람과 서로 술을 따르는 정도라면 괜찮겠지만, 배려심 있는 여성이라기보다 아양을 떨고 있는 것으로 보여 버리는 경우가 있습니다. 그리고 건배를 할 때에도 주의를 해야 합니다. 자신의 윗사람이 건배사를 외칠 때, 그보다 더 위 쪽으로 잔을 드는 것은 예의에 어긋난 것이라고 하지요.

데이트를 할 때, 와인을 따르는 것은 데이트하는 남성이 하거나 소믈리에 또는 테이블의 담당자가 해 줄 것이니, 가만히 있어도 됩니다. 에스코트를 제대로 받아 들이지 못하는 여성을 남자들이 다음 번에 더 좋은 곳에 데려가 주고 싶지는 않을 것입니다. 자신의 의견을 전하고 싶을 때에는 확실하게 전하고, 에스코트를 받을 수 있을 때에는 받을 줄도 아는 여성이 되세요.

항상 이용하는 출퇴근길을
바꿔 보세요

: 항상 똑같은 지하철과 버스를 같은 시간대에 타는 사람도 많을 것입니다. 그 시간대를 조금 앞뒤로 바꿨는데, 우연히 학창 시절 동창생과 마주쳐서 그 사람과 결혼했다는 이야기를 들은 적이 있습니다. 반대로, 매번 같은 시간대의 지하철에서 똑같은 차량의 같은 자리에 앉았더니, 매일 마주치는 사람이 있었고 그 사람과 안면이 생겨 사귀게 되었다는 이야기도 들립니다.

앞서 말했던 것처럼, '소원의 원석'이 우주에 도달하면 몸과 마음이 저절로 운명의 상대를 찾아 나서므로, '오늘은 여기에 들러볼까?', '다른 길로 가볼까?', '뭔가 저 사람이 하면 신경이 쓰여.'라는 식의 생각이 든다면, 그 마음의 목소리에 따라 움직여 보세요.

과거에 제가 셀프 카운셀링을 시작한 뒤 매일 밤 잠자리에 들기 전에 트레이닝을 하다 보니, 어느 날 평상시와는 다른 행동을 하고 싶을 때가 있었습니다. 그런데 우연히도 그 행동이 제 인생을 180도 바꾸게 되었답니다.

평일 저녁, 레벨업 아카데미의 동료 강사와 다음 날 강의를 준비하고 있었습니다. 그런데 갑자기 다음날 스케줄이 변경되었다고 통보를 받았지요. 평상시 같으면 "한잔 하러 갈까?"하고 밖으로 나섰을 테지만, 그

날은 왠지 그런 기분이 들지 않았습니다.

　귀가 길에 강연이나 세미나 등 다음 날 갈만한 곳이 있는지 스마트폰으로 검색을 하게 되었습니다. 그 때 흥미를 끈 것이 '우스이 유키'라는 분의 세미나였습니다. 우스이 유키씨는 33세로 대기업 사장의 부인이 되었는데, 결혼 직후 남편이 병으로 쓰러져 사장 자리를 잇게 된 사람입니다. 경영에 관해서는 걸음마 수준이었던 우스이씨는 사장의 직분을 다하기 위해 MBA, 이학박사, 공인중개사, 행정사 등 어려운 자격증을 잇달아 취득하였습니다. 비즈니스에 관한 책에서부터 공부 방법론에 관한 책까지 60권 이상의 서적도 출판한 굉장한 분이었죠. 여성으로서나 경영자로서나 배울 점이 많겠다는 생각이 들어, 그 세미나를 신청하고 참가하기로 했습니다.

　저처럼 그곳에 참가했던 사람이 지금의 남편! 세미나가 끝난 후, 큰 목소리로 우렁차게 참가자들과 명함을 교환하고 있던 남성이었습니다. 귀가에 울리는 그의 목소리를 듣고, 혹시 저와 비슷한 일을 하는 사람인가 싶어서, "저도 명함 한 장 주실래요?"라고 말을 건넸던 것이 인연이 된 것이죠.

　저와 함께 갔던 직장 동료 여성도 그와 명함을 교환한 후, 뒤풀이에 가서 허기를 달래기로 했습니다. 그 뒤풀이 자리에서 명함을 교환했던 남편이 갑자기 제 옆에 와 마술을 보여주는 것입니다. 그 날 밤에 안부 메일이 와서 답신을 보내니, "괜찮으시면 핸드폰 번호도 알려 주십시오."라고 하더군요. 그리고는 다음날 문자가 왔어요. "새로운 일을 시작하고 반년째시라면 여러 가지로 힘드시겠어요. 제가 업계에 몸 담은 지 오래 되어서 도움이 될 정보를 드릴 수 있을지도 모르겠습니다. 꼭 한번 뵙고 싶어요."라고 하더군요. 다음 날 퇴근 후에도 만나게 되었지요. 그것이 인연이 되어 3주 후에는 프로포즈를 받았습니다. 정말로 눈 깜짝할 새에 일어난 일이었답니다.

"왜 하필 이 타이밍에 결혼하고 싶었던 거야?"라고 남편에게 넌지시 물어본 적이 있습니다. 당시 29살이었던 남편은 이렇게 말하더군요. "난 사실 서른 다섯살쯤 결혼하면 좋겠다고 생각했었는데, 널 보고…. 영혼이 소리쳤으니까."라는 답변이 돌아왔지요. 원래 그는 누군가 세미나에 같이 가자고 해도 한 번도 동참한 적이 없었다고 합니다. 그런 그가 저와 만났던 세미나에는 이유 없이 한번 가보고 싶어 업무의 연장이라고 둘러대며 참가한 것이라고 합니다. 정말 기적적인 만남이라고 밖에 설명할 수 없지 않나요?

운명의 상대와 만날 때는 이처럼 신비하고 우연 같은 현상이 겹치는 모양입니다. 그러니 다람쥐 쳇바퀴 도는 듯한 평범한 일상에 약간의 변화를 줘보는 것도 필요하답니다.

듣는 것이 중요합니다

: 일본에서도 엄청난 베스트셀러가 되었던 '말을 듣지 않는 남자, 지도를 읽지 못하는 여자'의 원작자인 앨런 피즈와 바바라 피즈 부부가 일본에 방문했을 때, 저도 강연을 들으러 갔던 적이 있습니다. 그들에 의하면, 여성이 하루 평균 쓰는 단어는 6000~8000개라고 합니다. 그리고 "에~"나 "우와~"처럼 감탄사를 2000~3000회, 얼굴 표정이나 머리의 움직임 등의 바디 랭귀지를 8000~1만회 행한다고 합니다. 도합 약 2만회의 의사표시를 표출하고 있는 셈이죠.

한편, 남성이 하루 평균 사용하는 단어는 약 2000~4000개, 그리고 "오~"와 같은 감탄사는 1000~2000회, 바디 랭귀지는 2000~3000회라고 합니다. 모두 합쳐도 약 7000회밖에 안되죠. 여성의 3분의 1 수준입니다. 여성은 남성의 3배 가까이 많은 말을 하고서야 만족한다는 결과입

니다.

낮에 직장에서 많은 대화를 하고 있는 여성, 요리, 꽃꽂이 교실 등에 참가하고 있는 여성 등은 문제가 되지 않지만, 사무직 등이어서 별로 이야기 상대가 없는 여성은 주의가 필요합니다. 여성은 어떻게 해서든 '말하고 싶은' 존재입니다. 남성은 전달하고 싶은 용건이 있어서 말을 하지만, 여성은 자신의 기분을 상대가 공감해 주기를 바래서 말하는 경우가 많습니다. 또, 여성은 이유 없이 말하고 싶으니까 이야기하는 경우도 많습니다. 하루 할당량을 달성하기 위해 말하는 경우가 있다는 것이죠. 물론 그것을 들어 주어야만 하는 애인이나 남편은 힘들겠지요.

남성의 언어 능력은 하루 2000~4000개의 단어이므로, 쓸데 없는 단어를 최소화해서 간단명료하게 이야기합니다. 그러나 '공감해 주기를 바래서 말하는' 여성은 상대가 공감하기 쉽도록 일어난 일을 자세히 시간 단위로 말하거나 등장 인물을 가능한 자세히 소개하려 듭니다. 그러다 보니, 남성들로서는 이야기가 시작된 지 얼마 지나지도 않아 "그래서 결론은?", "그러니까 결국 무슨 말을 하고 싶은 거야?"라는 감정을 느끼기 쉬운 것이죠.

이에 대해 남성을 배려하는 입장에서 거꾸로 생각해보면, 여성은 간단하게 요점만을 말할 수 있도록 자기 이야기만 늘어놓는 일을 줄이는 것이 필요합니다. 이미 이런 사실을 알고서 주의하고 있다고 생각하는 여성조차도 남성과의 대화 도중에 "맞아. 맞아. 나도…"라는 말을 자주 하고 있다면 주의해야 합니다. 그것은 상대방의 이야기를 듣고 있는 듯하지만, 사실은 도중에 잘라버린 뒤 자기 이야기로 틀어 버린다는 것이기 때문입니다.

남: "이전에, 이탈리안 레스토랑 ○○에 갔을 때, 아마토리챠나(토마토와 베이컨 스파게티)가 너무 맛있어서, 그래서…

여: "맞아, 맞아! 내가 전에 갔을 때도 역시 인기 있는 가게라서 그런지

엄청나게 사람이 많더라고! 나도 그 유명한 아마토리챠나를 주문해 봤는데, 생각보다 맵지 않으면서도 약간 매콤하고 소스도 부드러워서 진짜 맛있었어! 거기다 점원들도 너무 친절하고~….”

　남: “…….”

　언뜻 열심히 상대의 이야기를 듣고 있는 것처럼 보이지만, 여성은 ‘말하고 싶은 존재’여서 대화의 주도권을 쥐고 있습니다. 공감하는 취지인데 어느새 본인이 중심이 되어 말하고 있는 것이지요.

　남성의 자존감을 충족시키기 위해서라도 남성의 체면을 세워 줄 대화 방식을 구사하는 것이 좋습니다. 상대에게 진정으로 관심을 갖고 다양한 질문을 한다면, 평소 과묵한 남성이라도 꽤 많은 이야기를 해주게 될 것입니다. 특히 자신의 생활 태도나 사고 방식, 일에 대한 자세나 장래 희망, 취미 등에 관해서는 열의에 가득 차 이야기 해 줄 것입니다. 그렇게 해서 ‘듣는 것 잘하기’에 통달하면, 상대에 대해 심도 있게 알 수 있게 되고 서로의 신뢰도 깊어집니다. ‘말하는 것 잘하는’ 여성보다는 ‘듣는 것 잘하는’ 여성이 되세요.

self
control
32

누군가를 만날 때는
이상형을 명확히 하세요

: 주위의 권유로 재미있는 모임이나 장소에 가는 경우가 있습니다. 그런 때에는 먼저 '어떤 사람을 원하는가?'를 다시 한번 되새겨 본 뒤에 나가는 것이 좋습니다.

남성과의 소개팅, 미팅 뿐만이 아니라 그 이외의 경우에도 해당됩니다. 예를 들어, 친구에게 "너한테 소개시켜 주고 싶은 여자애가 있어서…"와 같은 말을 들었을 때나, 사교모임, 파티 등 처음 만나는 사람과 많이 만날 때에도 적용됩니다. 어디선가 자신의 인생을 바꿀 누군가가 운명처럼 갑자기 다가올 지 모르는 일이고, 하다 못해 그 직접 상대방은 아니더라도 운명의 상대와 연결시켜 줄 사람이 나타날지도 모릅니다.

그런 곳에 갈 때는 결혼 상대에게 바라는 '3가지 조건'을 되새기며 화장하고 옷을 골라보세요. 되새길 때의 마음가짐에는 그 속에 그동안의 솔직한 감정과 바램을 불어 넣는 것이 중요합니다. '드디어 만나는 거야!'와 같은 설레임과 기대감을 넣어서 평소 자신이 가장 중요하게 생각했던 3가지의 조건만 다시 떠올려 보세요.

파티에서 많은 사람과 만날 때에는 '쓸데없이 많은 사람과 이어지지 않아도 좋아. 단 몇 명이라도 긴 인연을 이어 갈 수 있는 사람과 만나야지!'와 같은 말을 되새겨 봐도 좋겠지요. 실제로 많은 사람과 연락처를 교환을 했다고 해도, 어차피 그들 모두와 지속적으로 연락할 수 없습니다. 그렇다면 과욕을 부려 많은 사람과 연락처를 교환을 하는 것에 집착

할 것이 아니라, 마음에 드는 몇 명과 연락처를 교환하고 천천히 이야기를 나누어 보는 편이 좋을 것입니다. 그것이 상대나 당신 모두에게 뇌리에 남을 것이고, '애프터'로 이어질 가능성이 높아질 것입니다.

레벨업 아카데미에서는 매년 크리스마스 송년 파티를 열고 있어, 그동안 강연회나 컨설팅에 참가했던 사람 뿐만이 아니라 입소문을 통해 파티 소식을 접한 많은 사람들이 참가합니다. 한번은 아카데미 강사로부터 파티 초대를 받아 그 강사가 활약하는 모습을 보기 위해서 오기로 한 여성 참가자 한 명이 있었어요. 그리고 그 강사와 알고 지내는 또 다른 남성 참가자 한 명이 있었지요. 물론 이 분은 '새로운 만남'을 찾아 온 남성이었어요.

아카데미 강사는 두 사람의 상황을 알고 있으므로, 왠지 둘이 잘 어울릴 거 같아 그 두 사람을 서로에게 소개해 주었습니다. 두 사람 다 강사의 친구이긴 하지만 서로 안면은 없었지요. 그 두 사람은 만나자 마자 서로에게 꽂혀 사귀기 시작해서, 2년 뒤 파티에는 부부가 되어 참가했습니다. 결코 맞선 파티가 아닌 송년 파티였지만 그와 같은 만남도 있는 것입니다.

이런 만남이 가능했던 것은, 평소 두 사람 모두 강사에게 자신이 좋아하는 것이나 취미, 바라는 이상형 등에 대해 이야기해 두었기 때문입니다. 기회는 결국 '사람'이 가져다 주는 것이므로, 평소 자신의 성향을 명확히 파악하고 주위에 이것을 이야기해 두는 것도 나쁘지 않습니다.

저는 평소에 남녀 모두로부터 "좋은 사람 있으면 소개시켜 주세요.", "어디 좋은 사람 없을까요?"와 같은 말을 자주 듣습니다. 그러면 저는 꼭 되묻습니다. "당신에게는 어떤 사람이 좋은 사람인가요?"라고요. 그러면 대부분은 "여자(남자)라면 누구라도 좋아요."라고 대답합니다. 저는 "누구든 좋다면 아무나 만나면 되는 거지 왜 나한테 소개해 달라고 하는가?"라고 반문하고 싶습니다. "바지만 입으면(치마만 두르면) 누구든 좋다."라는 말은 금물입니다.

만약 이상형에 관한 질문을 받으면 프로포즈를 할 정도의 각오로 진지하게 대답하세요. "상냥하고 성실하면서 일에 정열을 쏟아 붓는 사람을 찾고 있어요."와 같이 명확히 말해 둔다면 "그럼, 이 사람이 딱이네요."라고 할 만한 상대를 소개 받을 가능성이 높아질 테니까요.

내가 바라는 것을
상대에게 해주세요

: "그는 나랑 만날 시간을 내주지 않는다.", "그는 내 기분을 헤아려 주지 않는다.", "그는 기념일을 챙겨 주지 않는다.", "그는 일보다 나를 더 소중하게 생각하지 않는다."와 같은 '~해 주지 않는다 병'에 걸려있지는 않나요?

여성은 부지불식간에 남성이 자신에게 당연히 '~해 주면 좋겠다'고 생각할 지 모르지만, 그러기 전에 당신은 그에게 무엇을 해 주었나요? '~해 주지 않아'라는 불만이 있다면, 의외로 자신이 그의 기분을 헤아려 주지 않고 있는 것이 원인일 수도 있습니다.

이런 지적을 했더니, 카운셀링을 받던 사토씨는 이렇게 말했습니다.

"저는 이것 저것 뭐든 그에게 다 해 줬다고요!"

그런 사람에게 저는 이렇게 말합니다.

결과적으로 두 사람이 헤어지게 되었다면 정말로 그가 바라는 것을 해 준 것일까요? 뭔가를 바라고 해 준 것은 아닐까요? 그런데 생각했던 것처럼 돌아오지 않으니 "그는 내 마음을 전혀 헤아려 주지 않아."라는 말이 나오는 것입니다. 연애는 마음으로 하는 것입니다. '연애'라고 할 때 한자의 '戀'는 아래쪽(下)에 '마음 심(心)'이 있어서 '하심(下心-저의, 밑에 깔린 의도)'가 숨어 있고, '사랑'이라고 할 때 한자의 '愛'는 글자의 한 가운데(中)에 '마음 심(心)'이 있어서 '진심(眞心-진심, 진정 아끼는 마음)'이 숨어있다고 하지요. '이렇게 하면 그가 돌아 봐 주지 않을까?', '이렇게 하면 그가 결혼하자고 해 주지 않을까?'라는 전략을 짜고 있을 뿐인 '연애'는 '사랑'과 달리 진정한 연애이라고 할 수 없는, 그야말로 '저의(下心)'에 불과합니다.

결혼이란 피 한 방울 섞이지 않은 생판 몰랐던 타인과 기나긴 세월을 함께 살아 가는 것이므로, 무언가를 바라고 있으면 자신이 먼저 지쳐 버리게 됩니다. 상대에게 그 어떤 보답도 바라지 않고 사랑 하는 것! 그것이 애정을 쏟는다는 것이며, 진정 마음으로 하는 연애입니다.

오 헨리(O. Henry)의 소설 '크리스마스 선물'을 알고 있지요?

가난한 부부가 각각 자신에게 소중한 물건을 팔아 상대를 위한 크리스마스 선물을 산다는 이야기죠. 아내는 남편이 소중히 여기는 금장 회중시계의 시계줄을 사기 위해서 소중히 여기던 머리카락을 팔아 버립니다. 한편 남편은 아내의 고운 머릿결을 빗어줄 머리빗을 사주기 위해 회중시계를 전당포에 저당잡히고 만다는 이야기입니다. 선물은 쓸모 없게 되지만 마음이 따뜻해지는 결말이죠. 이처럼 자신이 조금 마음 아프더라도, 사랑하는 사람이 기뻐할 수 있다면 할 수 있다는 것이 진정한 사랑은 아닐까요?

최근에는 현재 누리는 물질적 생활 수준을 결혼 후에도 결코 포기하지 못하겠다는 여성이 많은 것 같습니다. 현재의 커리어도, 월급도 절대로 포기하지 않으면서, 결혼만 추가하고 싶다고 생각하고 있지는 않나요? '크리스마스 선물' 수준까지는 아니더라도 자신도 무언가를 포기할 각오를 하지 않으면 결혼할 수 없습니다.

방에 옷이나 구두가 너무 많은 사람이 새것을 추가하려 할 때 낡은 옷이나 오래된 구두를 버려서 새 것을 놓을 수 있는 빈 자리를 확보한 뒤 비로소 새 것을 사지요? 그것과 마찬가지입니다. '새로운 생활'이 들어올 마음의 여유 공간이 생기지 않은 상태에서는 결코 새로운 결혼 생활이 시작될 수 없는 것입니다.

지금까지 자라온 환경이 다른 두 사람이 함께 두 사람의 가정을 만들어 가는 것이 결혼입니다. 단지 좋아하니까 함께 있다는 개념의 연애나 동거와는 다르지요. 서로의 가치관을 존중해 주고, 서로 양보하며, 용서하고, 격려해 주고, 기쁨을 나누는 것이 필요합니다.

자신이 현재 가진 것 중에 어느 것 하나 포기하지 않겠다고 하면 결혼은 성립되지 않습니다. 그러므로 상대에게 해주면 기뻐할 것 같은 것을 먼저 해 주세요. 상대가 좋아하면 자신도 기쁘지요. 이것이 진짜 사랑입니다. 사랑은 마치 '장기 이식'과 같은 것입니다. 처음 이식되었을 때에는 그 부위가 조금 당기거나 거북함이 느껴지다가도, 어느새 자연스럽게 스며들어 하나가 되어가는 것이죠. 피가 섞이지는 않았지만 '사랑'이라는 관계로 깊은 정을 만들어 가는 훌륭한 관계가 바로 '부부'인 것입니다.

결혼식의 자신이 아닌
결혼 후의 일상을 그려보세요

: 대부분의 여성은 멋진 결혼식장에서 예쁜 웨딩드레스를 입어 보는 것이 로망입니다. 하지만 결혼 그 자체를 도착점으로 여기는 것은 권하고 싶지 않습니다.

도착점이 어딘가를 설정하는 것은 결혼에서뿐만이 아니라 다양한 일에서 항상 중요합니다. 예전에 '뇌에 좋지 않은 7가지의 습관'의 저자 하야시 나리유키 선생님으로부터 들은 이야기입니다. 북경 올림픽에서 금메달을 딴 수영선수 키타지마 코스케는 다른 선수와 '도착점'의 설정이 달랐다고 합니다. 다른 선수는 수영장 벽에 터치하는 것이 도착점이었지만, 키타지마 선수는 '터치 행위'를 도착점으로 하지 않고, '터치 한 후, 되돌아서 서서 전광판을 보는 행위'를 도착점으로 설정했다고 합니다. 도착점을 더 미래의 시점으로 설정한 것으로서, 마지막까지 전력으로 헤엄친 결과 그에게 승리의 여신이 손을 건넸다는 것이죠.

결혼식이나 웨딩드레스 입은 모습을 도착점으로 하지 말아야 한다는 것은 바로 이 같은 이유 때문입니다. 결혼식이 끝이 아니라 결혼 이후의 생활이 더 중요합니다. 물론 '빨리 부모님께 내가 웨딩드레스 입은 모습을 보여드리고 싶다.'든가, '아버지의 손을 잡고 결혼식장의 버진로드를 함께 걸어가 행복하게 해드리고 싶다.'든가와 같은 꿈을 그리는 것은 훌륭한 일입니다. 하지만 결혼이란 그 후의 생활이 더 중요한 것이므로, 결혼 후의 당신의 일상을 상상해 보는 것이 필요합니다.

　이혼하고 싶어서 결혼할 사람이 어디 있겠습니까마는, 후생노동성은 2010년 3월 기혼자의 이혼 확률이 과거에 비해 3배나 상승했다고 발표했습니다. 3~4 커플 중 1 커플의 확률입니다! 1970년대 이혼 비율은 약 7%로, 그 때와 비교하면 약 4.5배 늘어났다는 계산이 됩니다.

　특이한 점은, 이혼 건수가 2002년까지는 상승하였으나, 이 때의 29만쌍을 정점으로 6년 연속으로 감소하고 있다는 사실입니다. 즉, 결혼하는 사람 자체가 줄고 있으니, 이혼 건수라는 절대 수치는 감소하는 것이죠. 그러나 이혼하는 확률로 보면 계속 상승하고 있습니다. 이혼 커플의 연령대를 살펴보면, 남성이 20~24세, 여성이 19세까지의 연령이 가장 많습니다. 다시 말해, 젊은 커플일수록 이혼 확률이 높다고 합니다. 한편, 이혼신고를 하기까지의 별거 기간은 연령이 높을수록 긴 경향을 띤다고 합니다. 헤어지기까지 한 번 더 심사숙고하는 기간이 연령이 높을수록 긴 셈이죠.

또, 속설과 달리 결혼 전의 동거는 오히려 이혼율을 높인다는 데이터도 있습니다. 미국 질병관리예방센터(CDC)가 2002년에 15세~44세까지의 여성을 대상으로 조사한 결과, 결혼 전 동거 했던 여성 중 10년 이상 결혼 생활을 계속 한 비율은 61%, 결혼 전에 동거하지 않았던 여성 중 10년 이상 결혼 생활을 지속한 비율은 66%였다고 합니다.

참고로, 동거를 시작했던 당시 약혼 여부가 결혼 생활에 영향을 주는 것으로 밝혀졌습니다. 약혼 후에 동거한 여성이 10년 이상의 결혼 생활을 계속 한 비율은 약혼하지 않고 동거 한 여성보다 10%나 더 높았다는 결과가 나왔습니다. 남성의 경우는 18%나 높았다고 합니다. 사회적 의미를 부과하는 약혼 여부가 상대에게 책임감을 부과한 결과겠지요?

또, 본처를 이혼시키고 가정을 빼앗아서 재혼한 여성은 그 남성이 전처와 다시 만나는 문제, 전처 아이의 양육비 문제 등으로 생활의 어려움을 겪는다고 합니다.

그만큼 결혼을 성급히 결정하여 이혼으로 이어지는 것은 불행한 일입니다. 지나치게 헛된 희망을 품을 것이 아니라, 현실적인 계획을 세워 자신의 성향과 현실에 맞는 상대를 만나는 것이 중요합니다.

결혼을 꿈꾸고 있는 그대에게 자꾸 이런 이야기를 해서 죄송스럽지만, 이러한 현 세태도 철저히 인정해야 합니다. 통계수치만으로 모든 연인의 사랑을 함부로 재단할 수 없고, 이혼이 반드시 나쁜 것이라고도 생각하지도 하지 않습니다. 하지만 누구나 일단 사랑하는 사람과 결혼했다면 한 평생 같이 하고 싶은 것이 인지상정이지요. 어차피 매듭지을 인연은 확실하게 끝내버리고, 진지하게 사귈 수 있는 남성과 행복한 미래를 함께 그려 나가세요.

　　　　: 누군가를 만났을 때 그 사람이 자신의 '운명의 상대'인지 판단하려면, 운명의 상대가 갖는 한 가지 중요한 특징이 있다는 사실을 알아야 합니다. 바로 몇 시간을 함께 있어도 질리지 않는다는 점이지요.

　기나긴 인생을 함께 걸어 갈 동반자이니, 그 상대와 함께 하고 싶은 것, 함께여서 할 수 있는 것을 마음 속에 그려보는 것도 좋습니다. 아이는 몇 명을 갖고 싶다든가, 아파트가 좋을지, 단독주택이 좋을지 등도 좋고, 그 밖에 다른 것들도 상상력을 발휘해 그려 보도록 하세요.

　여성의 경우는 결혼 후 라이프스타일이 확 바뀌는 사람과 그렇지 않은 사람이 있습니다. 일을 그만두고 전업주부가 되어 남편을 내조하는 타입이 있는가 하면, 지금까지처럼 일을 해 나가며 가사도 열심히 하는 타입도 있겠지요. 아이를 낳아 육아 일까지 더해지는 사람이 있는가 하면, 아이들 없이 둘이서만 살아가기로 결정한 부부도 있을 것입니다.

　실제로 결혼해서 살다 보면 생각지도 못했던 사고를 당하는 바람에 결혼 전에 꿈꾸던 생활과는 전혀 다른 삶이 펼쳐질지도 모르지요. 그러나 마음속으로 그려 본 것만으로도 행복한 결혼 생활을 위한 첫걸음은 내디

딘 셈입니다. 여러 가지 즐거운 일을 상상해 보세요.

여성은 '기념일'을 의미롭게 보내고 싶다는 사람이 많지요. 그런 여성이라면 '서로가 기념일을 잊지 않고 매년 함께 축복하는 모습'을 마음 속에 그려봐도 좋겠지요.

이것을 결혼 전부터 실천에 옮겨 왔던 여성이 있습니다. '서프라이즈'를 좋아하는 남편과 결혼한 후쿠이씨는 생일에 '깜짝 이벤트'를 선물받았습니다. 데이트 장소에 있던 모든 사람들은 남편이 동원한 엑스트라로서, 그가 선물을 건네주는 순간 모두 일어서서 박수를 쳐 주었습니다. 후쿠이씨는 물론 감동의 눈물을 흘렸지요.

또 결혼일주년 기념일에는 첫 데이트를 했던 추억의 레스토랑에 다시가서 식사를 했습니다. 그 때 마침 피아노 선율로 두 사람만의 추억의 음악이 흘러 나와 그 날도 깜짝놀랐습니다. 그런데 이 모든 것이 우연이 아니었다고 합니다. 모두 남편이 미리 레스토랑에 부탁해 놓았던 것입니다. 더불어 준비된 케이크 선물을 보니 가슴마저 벅차 올랐다고 합니다.

평생에 걸쳐 해 보고 싶은 것, 결혼 상대와 함께 하고 싶은 것을 지금부터 마음 속으로 그려 보세요. 꿈은 이루어지니까요.

self
control
36

이 세상에
나를 있게 해 준 부모님께
감사 드리세요

사 랑 은
서 툴 고
결 혼 은
먼
그 대 에 게

: 제가 재계를 빛낸 CEO를 위한 조찬모임에 참석했을 때 배운 소중한 교훈이 있습니다. 바로 자신의 생일에는 '축하'를 받을 것이 아니라 부모님께 '감사'를 전하라는 것이지요.

그 메시지에 큰 감동을 받아 그 때부터는 매년 생일이 되면 어머니께 감사 전화를 드리고 있습니다. 처음에는 좀 쑥스럽기도 했지만, 용기 내어 그런 감사 인사를 드려 보았더니 정말 아름다운 대화를 나눌 수 있었답니다.

"어머니, 저에요. 저기, 오늘 무슨 날인지 아세요?"

"알고 있지. 네 생일 아니니? 몇 번째지? 축하한다"

"제 생일이긴 한데…… 저기, 이번에 아주 좋은걸 배웠거든요. 생일은 내가 축하 받는 날이 아니라, 어머니가 제일 고생하신 날이니 어머니께 감사 드리는 날이래요. 어머니…… 절 낳아 주셔서 고마워요….."

"어머…. 갑자기 애도 참."

저는 이 대목에서 어머니께서 감동의 눈물을 흘리실 것이라 예상했었습니다. 그런데 먼저 울어버린 쪽은 오히려 저였지요.

"너야 말로 태어나 줘서 고맙지. 좋은 아이로 자라줘서 고맙다. 효심 깊은 딸로 자라줘서 고맙고."

저는 애잔한 마음에 흐르는 눈물을 주체할 수 없었습니다.

요즘은 전화 드리는 것이 매년 정해진 규칙이 되어 익숙해진 나머지 서로 쑥스러움도 없어졌습니다. 하지만 매년 저를 낳아준 어머니께 감사의 메시지를 전함으로써 모녀지간의 정이 더 깊어진 것 같습니다. 작년에는 아버지께도 같은 말씀을 드려보기로 결심했습니다. 어릴 적부터 계속 아버지께 반항 아닌 반항을 해왔지만, 집에서 독립해 나온 뒤로는 아버지의 든든함이나 위대함을 알게 되었지요.

"아버지. 오늘이 제 생일이잖아요. 올해는 아버지께도 말씀 드리고 싶어서요! 아버지! 낳아주셔서 감사합니다."

"나참. 뭘 그런걸! 나는 낳은 기억은 없다! 남자니까. 아하하!"

겸연쩍어 하시며 호탕한 웃음을 보이시던 아버지셨지만 지금까지 몰랐던 이야기도 해 주셨습니다 .제가 태어나던 날 고생하셨던 이야기이지요. 출산은 정말로 목숨을 건 사투라는 점을 다시 한번 깨달았고 감사하는 마음이 한층 깊어졌지요.

부모는 자신에게 있어서의 근본이자 뿌리입니다. 부모를 소중히 하지 않는 인간이 사람을 소중히 할 리 없습니다. 사람을 소중히 할 수 없는 인간이 인생을 잘 살아 나갈 리도 없지요. 그러니 자신의 뿌리인 부모에게 일년에 한 번만이라도 감사하는 마음을 전하세요. 그리고 부모님께서 내게 주신 생명을 나 스스로 소중히 여기며 살아가세요.

'현재'를 영어로 present(선물)라고 합니다. 부모로부터 선물 받은 지금 이 순간, 일분 일초를 소중히 생각하세요. 만약 지금 특별한 누군가와 살아가고 있다면 그를 위해서라도 자신을 더 소중히 해야 합니다.

지금 주어진 공기도 물도, 따뜻한 햇살을 비쳐주는 태양도, 달빛도 모두 이 세상에 태어난 내가 받은 선물입니다. 나를 둘러 싸고 있는 모든 것에 감사하세요.

나의 뿌리를
소중히 여기세요

: 남편과 사귀던 시절 남편의 고향인 홋카이도에 성묘를 하러 간 적이 있었습니다. 고향집은 공항에서 그다지 멀지 않은 곳이었지만, 선산은 홋카이도에서도 가장 북쪽인 오호츠크 해 연안이었습니다. 그래서 고향집에 갈 때도 좀처럼 성묘는 가기 힘들었죠. 풍수지리를 아는 지인이 이 말을 듣더니 야단을 쳤다고 합니다.

"조상님을 모시지 않고 인생이 잘 풀릴 수 있다고 생각해? 멀다는 건 핑계지! 하루라도 빨리 다녀와!"

여러 사람에게 같은 꾸중을 들어 그 해 여름에 성묘를 하러 고향집을 거쳐 할머님 댁에도 가 보기로 했습니다. 저와 만난 지 3주 정도였으니 여행 겸해서 같이 가자는 말에 따라 저도 따라 나섰던 것입니다.

묘지에 이르러 저 역시 당시에는 애인이었던 남편의 조상님께 인사도 드리고, 앞으로도 행복하게 지낼 것을 약속 드렸답니다. 남편은 "지금까지 찾아 뵙지 못해서 죄송합니다.", "저희 두 사람 지켜봐 주십시오."라고 마음 속으로 말씀 드렸다고 하네요. 그 날이 프로포즈를 받은 날이었으니, 결혼하게 된 것은 조상님의 은덕이라고 저는 믿고 있어요.

자신을 낳아 준 부모님께 감사 드리는 것만큼 형제자매나 할아버지, 할머니, 이미 돌아가신 조상님도 소중히 생각하세요. 자신을 소중히 하기에 앞서 먼저 해야 할 일입니다.

만약 기회가 된다면 할아버지, 할머니보다 더 웃어른들의 직업이나 인품 등을 여쭈어 보는 것도 좋겠지요. 가계도를 통해 자신의 뿌리를 짚어 가다 보면 생각지도 못했던 역사적 인물이 자신의 선조라는 사실을 발견하고 놀랄지도 모릅니다. 그 때부터 자부심을 갖고 살아가게 될지도 모르지요.

호적이나 제적등본을 통해서, 또는 자신이 직접 묘를 찾아 다니면서 가계도를 작성한 사람도 있다고 합니다. 완성된 가계도를 바라보며, 자신이 많은 조상님의 은공을 입고 태어나게 된 것임을 깨닫게 되어 감격했다고 하네요. 그 분은 제게 이렇게 말했습니다.

"가계도를 작성해서 선조를 알게 되면, 내가 세상과 어떤 인연을 갖고 태어난 것인지, 이 땅에 태어난 나의 사명은 무엇인지 깨닫게 되지요. 가계도를 만들어보고 조상님들을 모시는 것은 누구에게나 운수대통을 불러온답니다."

실제로 풍수지리학자들이나 역술가들에 의하면, 부부 사이가 좋고 조상을 소중히 모시는 가정은 번창하는 반면, 자손이 태어나지 않아 대가 끊긴 가계의 특징은 부모 자식간의 사이가 나쁘거나 부부 사이가 좋지 않아 이혼이나 고부갈등이 많았다고 합니다.

조상님들 중 어느 한 분이라도 계시지 않았다면 자신이 이 세상에 존재하지 않게 되는 것이니, 모든 조상님들께 감사 드려야겠지요. 자신이 이 세상에 태어나 지금까지 살아 있는 것도 따지고 보면, 내 힘으로 살아가고 있는 것이 아니라 숙명적으로 살아 지고 있는 것이니까요.

　'살아지고 있다' 라는 말의 의미는 자연의 흐름을 거스를 수 없다는 의미입니다. 이 세상에 태어나 조금씩 나이를 먹고, 병에 걸려 결국 죽어가는 것은 우리 인간이 어찌할 수 없는 세상의 이치입니다. 우리가 달리 의도한다고 해서 바꿀 수 있는 것이 아니지요. 나이를 먹는 것이 싫어도 어쩔 수 없이 죽음을 향해 걸어 가고 있는 것이 인간입니다. 인생의 흐름 속에는 나쁜 일도 있고 좋은 일도 있습니다. 그 흐름을 거슬러서 억지로 무언가를 만들려 하지 말고, 때를 기다리며 있는 그대로를 받아들이면서, 괴로운 일도 기쁜 일도 감사하며 살아가세요.

모든 일에는 메세지가 있다고
생각해 보세요

: 예전에 계단에서 미끄러져 넘어지는 바람에 콘크리트 바닥 위에 꼬리뼈를 세게 부딪힌 적이 있습니다. 너무 아파서 병원에 갔더니 꼬리뼈하고 엉덩이뼈에 금이 갔다고 하더군요. 그 후 약 1개월간 제대로 움직일 수도 없어서 무척 고생을 했습니다.

그러던 중 어느 심리치료사가 모든 일에는 메세지가 있다고 하더군요. 다쳤을 때는 다친 부위에도 하늘의 뜻이 있다고 생각해 보라면서요. 저처럼 엉덩이나 허리, 다리 등을 다친 경우는 '쉽게 발을 담으면 안 된다!', '지금은 참고 기다릴 때다!', '착실하고 차분히 해라!', '나아갈 인생의 방향이 틀렸다!'라는 메세지라는군요. 손이나 손가락을 다친 경우는 '이 일에 손 대면 안돼!'라는 메세지이니 다시 한번 재고해 보라고 했습니다.

이처럼 어떤 일이 일어나면 무언가 하늘의 뜻이나 메세지가 담겨 있다고 생각해보세요. 그렇게 작은 일을 통해서 인생의 의미나 교훈을 되새겨보는 일을 하다 보면, 일어난 일 전부가 자신을 조금씩이라도 성장시켜 줄 것입니다.

　노력을 해도 좀처럼 결실이 나오지 않는다고 해서 초조해 하면 안됩니다. 초조해 하면서 가만 있지만 말고 무언가를 행동으로 옮겼을 때 좋은 결과가 나오는 경우도 많습니다. 하지만 만약 아무리 노력해도 정말 계속해서 나쁜 결과만 있다면 '초조해 하지 말고 지금은 기다릴 때'라고 생각하는 것도 현명합니다.

　"꽃이 피지 않는 겨울날에는 아래로 아래로 뿌리를 내려라. 때가 되면 커다란 꽃이 핀다."

　양명학의 대가인 야스오카 마사히로의 말입니다.

제가 결혼에 대해 초조하게 생각하지 않았을 때는 직장동료들이나 선배들에 대해서 별 생각이 없었습니다. 그런데 결혼이 늦어지는 것을 의식하면서, 그 분들과 함께 지내는 것에 대해 다시 한번 생각하는 계기가 되었습니다. 다들 워커홀릭인 유능한 커리어우먼이었지만 남자친구가 없는 사람들뿐이었지요. 그들은 일에 심취해 남자에는 신경 쓸 여유가 없다는 느낌이었습니다.

제가 엉덩이뼈가 다쳐 잠깐 그들과 떨어져 지내면서 느낀 것은, '이 사람들을 동경하고 이들과 함께 지내다 보면 나도 그들을 닮게 되어 독신생활을 하게 될 것 같다.'는 메세지였지요. 그들은 커리어우먼으로서 너무나 유능하고 멋져서 동경의 대상이었지만, 정작 제가 원하는 인생을 걷고 있는 사람들은 아니었습니다. 과연 나는 어떤 인생을 살고 싶은 사람인지 곰곰이 생각해보니, 나는 '좋아하고 보람 있는 일은 하고 싶지만, 결혼도 하고 싶고, 인생의 파트너와 함께 평생을 보내고 싶은 사람'이라는 사실을 깨달았습니다.

그것이 계기가 되어, 그 분들과 함께 다니던 회사를 접고 새롭게 회사를 창업하게 되었던 것입니다. 그 후 몇 년 뒤에 운명적으로 지금의 남편이 나타난 것이지요. 그 때 다친 것이 삶의 변화를 가져다 준 하나의 메시지가 아니었을까 생각하고 있습니다.

과거 한때 저는 어린 나이에 결혼한 뒤 얼마 지나지도 않아 이혼해 버리고 마는 사람들을 볼 때면, 결혼이 행복을 가져다 주는 것은 아니라고 생각할 수밖에 없었습니다. 그래서 결혼 이야기가 나와도 열린 마음이 될 수 없었지요.

그 즈음 사귀는 남자가 있었는데, 그는 매우 화목한 가정에서 태어나서 누나가 아이를 낳아 조카가 생겼다는 부모님의 연락에, 누나 집으로 한걸음에 달려갈 정도였습니다. 그 남자친구와의 만남은 짧았지만, 그와 사귀게 된 것은 하늘이 제게 '결혼은 좋은 거야.'라는 메시지를 주기 위함이었는지도 모릅니다.

모든 일에는 메시지가 담겨 있다고 생각해보세요. 그것을 받아들이면 새로운 깨달음이나 성장, 그리고 새로운 만남이 있을 것입니다. 그런 마음가짐을 가지면 이 책을 만났다는 사실 자체가 당신에게 하나의 '메시지'로 다가갈 것입니다. 이 책을 만난 그대는 언젠가 행복한 결혼을 하실 수 있을 것이라 믿어 의심치 않습니다.

PART
SIX

성공을 향한
날마다의
셀프 트레이닝

지금까지의 내용을 잘 살펴보셨으면, 지금부터는 자신의 마음가짐을 바꿔줄 구체적인 셀프 트레이닝 방법을 설명해 드리겠습니다. 빠르면 3주 이내에, 느려도 반년 안에 셀프 트레이닝의 결실을 맺을 것입니다. 트레이닝을 하기 전에 아래와 같은 주의사항이 있습니다.

주의사항

1. 트레이닝하는 도중 자신의 마음가짐이 과거와 달라졌다는 생각이 들면, 일단 한 번 잠시 멈추시기를 바랍니다. 그것은 자신의 마음으로부터 나오는 메시지입니다. 다시 한번 자신과 마주해 보세요.

2. 트레이닝 도중에 느끼는 감정을 소중히 여기세요. 여전히 결혼에 대한 의무감에 사로잡혀 있다면 자신의 과거 연애 분석이나 내면아이 분석과정을 다시 한번 해 보는 것을 추천합니다.

3. 트레이닝 시간대나 장소를 일정하게 정해 두는 편이 좋습니다. 욕실이나 자신이 좋아하는 쇼파 위 등 편안해지는 장소가 좋겠지요. 시간대는 조용한 때가 좋으므로 아침에 일어난 직후나 자기 직전도 좋습니다. 트레이닝이 끝나고 그대로 잠들 수 있다면 효과가 높아집니다.

이 3가지의 주의 사항을 유념한 후에 매일매일 자신의 마음가짐을 바꾸는 셀프 트레이닝을 시작 하시기 바랍니다.

1. 매일 각각 1장씩 '이상적 남성상'과 '이상적 가정상'을 적습니다. 꾸준히 할 시간적 여력이 없다면 '이상의 남성상'만 하셔도 좋습니다. 매일 계속하는 것이 무엇보다 중요합니다.

2. 적어 놓은 종이의 여백에 이상형의 초상화, 그리고 이에 대한 자신의 감정, 이모티콘 등을 그려 보십시오. 예를 들면 '와~아', '두근두근', '울렁울렁', '♪', '(*^^*)' 등입니다.

3. 색칠을 하는 편이 더욱 오감을 자극해 줍니다. 핑크나 빨강, 노란색이나 오렌지 등 따뜻한 계열의 색을 사용하면 좋겠지요. 핑크색은 연애의 색, 빨강색은 사랑의 색, 노랑색은 마음을 열어주는 색, 오렌지색은 가정이나 건강의 색입니다.

4. 다 적었다면, 눈을 감고 크게 심호흡을 합니다. 그려놓은 그림에서 따뜻하고 밝은 기운을 담은 핑크색 부분을 받아들인다고 생각하고 숨을 들이쉬세요. 그리고 어둡고 우울한 기운을 담고 있는 회색 부분을 내뱉는다고 생각하시고 숨을 내쉬세요.

5. 적어놓은 이상적 조건 3가지를 마음 속으로 외치며 그것이 이루어 졌을 때의 모습도 상상해 봅시다. 그 때의 감정도 확실히 맛보도록 하세요.

6. 다음으로, 이상적 남성과 이상적 결혼 생활을 손에 넣은 미래의 행복한 당신이 현재의 당신에게 메시지를 던집니다. 현재의 당신을 격려해줄 수 있는 응원의 메시지가 좋겠지요.

매일매일 하는 셀프 트레이닝은 이것으로 충분합니다. 이것을 반복하면 틀림없이 변화가 찾아 올 것입니다. 제가 이 방법으로 남편과 만난 것처럼 여러분도 꼭 그런 날이 올 것임을 믿고 계속해 보세요.

마지막까지 이 책을 읽어 주셔서 감사합니다.

이 책을 쓰기로 마음 먹은 것은 1년 정도 전입니다. 카운셀링이나 파티에 온 여성들과 그들이 미팅, 소개팅한 이야기를 나누던 중, 운명적 상대와의 만남을 진정으로 원하는 분들이 정말 많다는 것을 느낀 것이 계기가 되었지요.

마흔이 거의 다 되어 남편과 만난 지 3주 만에 프로포즈를 받고 결혼한 뒤 잘 살고 있다는 것이 소문이 나서, "어떻게 하면 그렇게 될 수 있나요?", "운명적 상대와 만나려면 어떻게 하면 좋을까요?"라며 진지하게 질문 하시는 분도 있었습니다. 행복한 결혼을 향한 그런 분들의 절실한 희망을 보면서, 저의 경험을 통해서 무언가 도움을 드리고 싶었던 것입니다.

애인은 항상 있지만 결혼까지는 결심하지 못하고 있는 분,

약혼이나 결혼의 경험은 있지만 실패로 끝난 분, 단 한번도 남자와 사귄 적 없는 모태솔로인 분, 요 근래 몇 년간 연애를 못하고 계신 분, 항상 누군가를 만나면 바로 '이 사람이 내 운명의 상대일지도!'라고 들떠서 초조하게 맴돌다가 결국 자멸해 버리는 분, 주위 사람들의 압박에 못이겨 미팅, 소개팅에 많이 나갔지만 이제는 지쳐 버린 분, 그 외에도 다양한 분들이 있을 것입니다.

지금 어떤 상태에 있는 분이라고 하더라도, 진정으로 원하는 사람이 어떤 사람인지 명확히 알고 있다면, 언젠가는 꼭 그 사람과 만날 수 있습니다. 자신을 믿고 포기하지 말고 바라면 이루어진다라는 믿음으로 마음 속에 자신의 이상형을 그려 나가세요.

제가 결혼한 것이 30대 후반이었으니, 저부터도 '아! 정말 결혼하고 싶다, 결혼하기엔 늦은 나이가 아닐까?'라며 초조해 하던 시절이 있었습니다. 그러나 결코 그렇지 않다는 것을 확언할 수 있습니다.

저는 그렇게 초조해하던 즈음에 무엇이든 도전하고 있는 '내면 아이'와 만났습니다. 초등학교 저학년 정도 아이의 모습으로 아주 자신감에 가득 찬 얼굴을 하고 있더군요. 어른인 제가 그 아이에게 말을 걸자 그 아이는 이렇게 말했습니다.

"나는 '심실중격 결손증'이라는 심장병 진단을 받았지만 다른 아이들처럼 뛰어 놀 수 있단 말이에요. 숨바꼭질이든 뭐든 할 수 있어요. 아빠랑 엄마하고 바다에도 갈 수 있고, 수영도 할 수 있어요. 그런데 체육 시간이 되면 '무슨 일 생기면 큰일이니까.'라며 선생님이 아무 것도 못하게 하세요! 그래서 엄마가 선생님께 편지도 써 주셨어요. '저희 아이를 다른 아이들하고 똑같이 대해주십시오. 저희 아이는 다른 애들이 할 수 있는 모든 것들을 똑같이 할 수 있는 아이입니다. 만일 무슨 일이 생기면 제가 모든 책임을 지겠습니다.'라고요. 그 덕분에 저는 다른 애들이랑 똑같이 풀밭에 들어갈 수도 있게 됐고, 마라톤 완주에도 성공했어요! 굉장하죠? 저는 무엇이든 하면 되는 애에요."

그녀는 자랑스러운 듯 말했습니다. 그런 내면 아이에게, 어른인 제가 격려를 받았습니다. 그리고 저는 부모님의 애정을 다시 한번 느낄 수 있었습니다.

이처럼, 자신의 내면에 있는 아이는 '상처 입은' 내면 아이만이 아니라, 씩씩하고 긍정적인 내면 아이일 수도 있습니다. 이런 내면 아이가 나오면, 마음껏 그 격려와 응원의 에너지를 받으세요.

여성에게 있어서 출산 가능 시기는 어느 정도 제한이 있다고 하더라도, 결혼 적령기에는 제한이 없습니다. 진정으로 운명적 상대를 원하고 받아들이고자 한 때가 바로 적령기입니다. 그것이 몇 살이든, 나다운 내가 납득할 수 있는 인생을 걸어나가는 것이 중요합니다. 제 주변에는 자녀가 없어도 천생연분인 부부도 많고, 이전과는 전혀 다른 타입의 상대방과 재혼해서 더없이 행복해진 분도 많습니다.

먼저, 과거의 연애 패턴을 분석하여 되돌아 보고, 과거의 당신을 모두 받아 들인 뒤, 자신을 치유하고 사랑하는 것부터 시작합시다! 자신을 사랑한 만큼만 타인으로부터 사랑 받을 수 있습니다. 이 철칙을 결코 잊지 마시길 바랍니다.

과거 자신의 실수를 용서하고, 내면 아이가 받은 상처를 치유하고, 현재의 모든 것을 받아 들여 자신을 있는 그대로 사랑할 수 있는 사람이 되었을 때, 운명의 상대는 나타나게 됩니다. 그런 운명적 상대가 이 세상에 있다는 것을 하루 빨리 깨달으세요. 그리고 꼭 잡으시길 바랍니다.

이 책에서는 행복을 손에 넣은 많은 분들의 이야기를 소개해 드렸어요. 누구의 이야기인지 모르도록 가명을 사용하고 약간의 변형을 가한 점은 양해바랍니다.

마지막으로, 집필에 많은 도움을 주신 여러 분들께 진심으로 감사 드립니다. 정말로 감사합니다. 이 곳을 빌어 고마움을 전하고 싶네요. 항상 든든하게 저를 지켜주는 사랑하는 남편과, 우리 부부 앞에 나타난 새로운 생명에게 마음으로부터 감사를 전하고 싶습니다. 사랑과 감사의 마음을 담아 고맙다고 말하고 싶네요. 이 세상에 수많은 여성, 수많은 어머니 중에 나를 택해 줘서 고마워. 여러분의 앞으로의 인생에 행복이 향기로운 향수처럼 흩날리기를 진심으로 빌겠습니다. 여러분의 기쁜 소식을 기대하고 있겠습니다.

2011년 3월 길일

퍼스널프로듀서 이시카와 히로코

옮긴이 **김예원**

텍사스 소재 Cathedral Christian High school을 거쳐, 일본 오이타현에 위치한 리츠메이칸아시아태평양대학 매니지먼트 학부를 졸업하였다. 그리고 동대학의 대학원에서 일본어 교육학 석사학위를 받았다. 현재는 다양한 번역활동과 한일간 동시통역 업무를 하고 있다.

.

사랑은 서툴고
결혼은 먼 그대에게

출간일 초판 1쇄 2013년 1월 15일
　　　　 초판 2쇄 2014년 10월 1일
지은이 이치카와 히로코
옮긴이 김예원
출판사 도서출판 북플라자
주소 경기도 파주시 문발동 파주출판단지 535-7
전화 070 7433 7637
팩스 02 6280 7635
메일 book.plaza@hanmail.net

ISBN 978-89-98274-01-6 23330

북플라자(Book Plaza)는 쉽고 효과적인 실용서적 및 세상을 밝게 할 자기계발서를 늘 준비 중입니다. 독자 여러분의 책에 관한 아이디어와 원고 투고를 열린 마음으로 기다리고 있습니다. 요리책이어도 좋고, 소설, 수필이어도 좋고, 만화책이어도 좋습니다. 책으로 엮고 싶은 아이디어가 있으신 분은 book.plaza@hanmail.net 로 간단한 개요와 취지를 보내주세요. 인생은 항상 주저하지 않고 문을 두드리는 자에게 길이 열립니다.